돈을
아껴주는
행동경제학

SEKAI SAIZENNSENNNO KENNKYUDE WAKARU! SUGOI! KODO
KEIZAIGAKU by
Yukikatsu Hashimoto
Copyright ©Yukikatsu Hashimoto 2020
All rights reserved.
Original Japanese edition published by Sogo Horei Publishing Co., Ltd.
Korean translation copyright © 2022 by BOOK PLAZA
This Korean edition published by arrangement with Sogo Horei Publishing Co., Ltd.
through HonnoKizuna, Inc., Tokyo, and JM Contents Agency Co.

돈을
아껴주는
행동경제학

하시모토 유키카츠 지음 | 남소현 옮김

BOOK PLAZA

머리말

심리학은 도서 카테고리 중에서도 인기가 많은 분야다. 사람은 누구나 다른 이의 속마음을 알고 싶어 하기 때문이다. 심리학을 공부하면서 지금까지 의식하지 못했던 자기 자신을 발견하기도 하고, 다른 사람들이 겉보기와는 전혀 다른 본성을 숨기고 있다는 사실을 깨닫게 되기도 한다.

한편 심리학보다 더 잘나가는 분야가 '돈'이다. 돈을 비롯해 '이득'을 얻기 위한 지식에 사람들은 대단히 관심이 많다. 그래서 경제 관념이나 경제 지식을 다룬 책은 항상 인기다.

이 책의 주제인 '행동경제학'은 쉽게 말해 인간의 마음을 다루는 '심리학'과 돈을 다루는 '경제학'을 합쳐 놓은 학문이다. 이 분야에서 대니얼 카너먼(2002년), 로버트 실러(2013년), 리처드 탈러(2017년)가 각각 노벨경제학상을 수상했다. 15년 동안 노벨상 수상자를 3명이나 배출한 학문인 것이다. 행동경제학이 이렇게 주목받게 된 가장 큰 이유는 지금까지 경제학에서 인간을 바라보던 시각을 완전히 바꿔 놓았기 때문이다.

과거 경제학에서는 자신의 경제적 이익을 극대화하기 위해 합리적인 의사 결정을 내리는 '호모 이코노미쿠스'를 표준적인 인간상이라고 보았다. 사람은 항상 냉정하게 사고하고 기계처럼 행동한다고 가정한 것이다.

하지만 실제로 사회 경제를 움직이는 것은 감정을 지닌 살아 있는 인간이다. 사람은 때로 실수하기도 하고, 남을 위해 자신을 희생하기도 한다. 이러한 인간상을 기준으로 삼으면 전통적인 경제학에서는 설명할 수 없는 모순과 문제들이 쏟아져 나온다. 이것을 어노말리(Anomaly, 특이 현상)라고 한다(참고로 어노말리는 영화 『매트릭스』에서 기계에 지배당해 가상 공간 속에서 살아가는 삶에 위화감을 느끼는 일부 인간들을 부르는 명칭이기도 하다).

행동경제학자들은 어노말리를 연구하는 과정에서 인간의 불합리한 행동이나 판단이 정해진 법칙에 따라 이루어진다는 사실을 발견했다. 예를 들면 다음과 같은 것들이다.

- 별 볼 일 없는 것이라도 한번 손에 넣으면 애착을 느끼게 된다
- 벌금을 낸다면 나쁜 일을 해도 된다고 생각한다
- 도박으로 번 돈은 쉽게 써버린다
- 안 좋은 회사를 그만두지 못한다

심리학은 인간의 마음과 행동을 연구하는 학문이기 때문에 당연히 인간의 불합리성에 대해서도 다룬다. 심리학이

생산, 소비, 구입, 판매 등 돈의 움직임과 관련된 다양한 이론을 구축해온 경제학과 만나 탄생한 것이 바로 행동경제학이다.

나는 연구소와 광고 회사에서 30년 넘게 마케팅과 브랜딩 관련 업무를 담당했으며, 지금은 독립해서 개인 사무실을 운영하고 있다. 행동경제학은 내가 오랜 시간 공부해온 분야이고, 또 비즈니스 현장에서 실제로 많이 활용하고 있는 학문이기도 하다.

업무 면에서는 행동경제학 법칙을 활용해 소비자 심리를 정확하게 읽어냄으로써 각종 광고나 캠페인에서 높은 성과를 거두었으며, 개인적으로도 소비자 입장에서 낭비나 충동구매 같은 안 좋은 습관을 없앨 수 있었다. 이러한 경험을 토대로 내가 자신 있게 말할 수 있는 것은 '행동경제학은 일상생활에서 비즈니스에 이르기까지 다양한 분야에 적용 가능한 실용적인 학문'이라는 사실이다.

이 책에서 말하고자 하는 행동경제학의 가장 큰 매력 3가지는 다음과 같다.

• 자기 관리가 가능해진다

자신이 실수하는 이유를 제대로 이해하면 다음부터는 실수하지 않도록 사전에 대비할 수 있다. 행동경제학의 법칙에 따라 비만이나 흡연 같은 나쁜 습관을 없애는 방법은 물론, 일이나 공부를 할 때 자신을 동기 부여하는 방법도 터득하게 된다. 어떻게 하면 현명한 소비 생활을 할 수 있는지, 인생 100세 시대를 어떻게 살아갈 것인지에 대한 힌트도 얻을 수 있다.

인간은 현재 상황에 안주하려 하고, 불필요하게 서두르기도 하며, 중요한 결정을 피하려고 하는 경향이 있다. 행동경제학은 이렇게 행동하게 되는 심리적 메커니즘을 규명한다. 마음과 행동이 어떻게 연결되는지를 이해하면 지금보다 훨씬 더 효율적인 자기 관리가 가능해질 것이다.

• 인간관계가 좋아진다

행동경제학을 알면 인간에 대한 이해가 깊어진다. 인간은 누구나 자기 자신이 가장 소중하며, 누구든 실수하기 마련이라는 사실을 자연스럽게 받아들이게 된다. 또 모든 사람이 제대로 공정하게 일을 처리하고 싶어 한다는 점도 이해하게 된다. 내 생각이 항상 옳다는 고집을 버리게 되고, 나 또는 남을 탓하는 일도 없어진다. 행동경제학이 인간을 인간답게 만들어주는 것이다.

사회나 경제에서 성장과 합리성만을 추구하던 시대는 끝났다. 최근에는 공유 경제, 윤리적 소비, 사회 자본이 주목을 받고 있다. 무작정 성장만을 좇을 것이 아니라 현재를 소중히 여기고 주위를 돌아보자는 말이다. 이러한 생각의 밑바탕에 깔린, 인간다움을 중시하는 마음을 키워주는 것이 바로 행동경제학이다.

• 더 좋은 사회를 만드는 데 기여하게 된다

정부와 지자체는 그 사회에 속한 시민이나 기업의 활동을 보다 좋은 방향으로 이끌어 나가고자 한다. 그러기 위해 법이나 규칙을 만든다. 그러나 이렇게 상의하달식으로 옭아매는 방식이 반드시 유효하지만은 않다는 사실이 행동경제학을 통해 증명되었다. 사람의 마음속에는 남에게 동조하고 타인의 이익을 위해 기꺼이 행동하고자 하는 메커니즘이 존재한다. 이 점을 올바르게 이해하고 제대로 활용함으로써 더 나은 사회를 만들 수 있다.

또 이익만 추구하는 기업은 사회로부터 인정받지 못한다. 고객에게 오래도록 사랑받고 사회와도 긴밀한 관계를 유지할 수 있는 경영 이념을 바탕으로 조직을 재정비할 필요가 있다. 행동경제학은 이러한 문제에 대한 해결 방안을 제시하는 동시에 다른 사람이나 집단과 더 좋은 관계를 구축할 수 있도록 도와준다.

이 책에서는 행동경제학의 다양한 이론에 대해 알기 쉬운 사례를 들어 설명하고 있다. 또 이론의 배경이 되는 연구 성과를 포함해 관련 내용을 가능한 한 쉽게 풀어내고자 노력했다. 이 책을 통해 실생활에 피가 되고 살이 되는 지식을 힘들이지 않고 손에 넣을 수 있을 것이다.

목차

2장

쓸데없는 노력은 그만두자 :
행동경제학과 심층 심리

3장

그래도 돈과는 친하게 지내자:
행동경제학과 돈

4장
지금보다 조금 더 나은 세상으로 : 행동경제학과 사회

행동경제학은
'인간답게' 살기 위한 학문

인간이 언제나 합리적인 행동만 하는 것은
아니다. 때로는 비합리적인 행동을 하기도
하는데, 이는 지극히 자연스러운 현상이다.
늘 합리적인 행동만 하려고 하면 너무 지칠
테니 스트레스 받지 않고 행복하게 살기 위해
서는 인간이 비합리적인 존재라는 사실을
받아들여야 한다.

1장에서는 몇 가지 사례를 통해 인간의 비합리
성에 대해 알아보는 동시에 비합리적인 인간
들이 모여 행복한 사회를 만드는 넛지의 원리,
그리고 비합리성에 효과적으로 대처하는
방법을 소개한다.

미국의 노벨경제학상 수상자는
왜 아이다 미츠오를 좋아할까?

아이다 미츠오(1924~1991)는 일본의 시인이자 서도가
이다. 독특한 서체로 짧고 평이한 문장을 써내려가는 작풍
으로 유명하며, 일본 국내뿐만 아니라 해외에도 많은 팬을
보유하고 있다.

1984년 일본에서 출간되어 밀리언셀러를 기록한 시집
『사람이니까』가 큰 인기를 얻었다. 수많은 좌절을 딛고 일
어나 만들어낸 작품에는 작가 자신의 실생활이 녹아들어 있
는 것이 특징이며, 특히 다음에 소개하는 작품이 유명하다
(주 1-1).

넘어져도
괜찮아
사람이니까

아이다 미츠오

이러한 아이다 미츠오의 작품과 생각에 깊이 공감한 사람이 바로 2017년 노벨경제학상을 수상한 리처드 탈러다. 미국 시카고대학 교수인 탈러는 경제학을 처음 배우기 시작했을 때부터 정통파 경제학에 의문을 품었다. 기존 경제학에서는 인간을 너무나도 합리적이고 냉철한 존재로 그리고 있었기 때문이다. 탈러는 경제학에서 모델로 삼고 있는 경제인, 즉 호모 이코노미쿠스를 '이콘'이라고 부르고, 이콘과 구별되는 실제 인간을 '휴먼'이라고 지칭한다. 실제 인간은 반드시 경제적 합리성에 기초하여 움직이는 것이 아니라 때로는 손해 보는 선택을 하기도 한다. 또 항상 개인주의적 성향만 보이는 것이 아니라 이타적인 행동을 취하기도 한다. 탈러는 이 사실을 실험으로 증명해 보이면서 지금까지의 경제학은 전제로 삼은 모델 자체에 결함이 있다고 지적했다. 이콘의 의사 결정 과정에서 이제껏 고려되지 않았던 인간의 비합리적인 부분을 경제 모델에 반영할 필요가 있다고 주장한 것이다.

탈러는 아이다 미츠오가 인간의 특징을 정확하게 짚어냈다는 점을 높이 평가하며 자신이 아이다 미츠오의 팬이라고 밝혔다. 일본에 있는 아이다 미츠오 미술관을 방문해 유족

들과 만나기도 했다. 일본 방문 당시 진행된 인터뷰에서 탈
러는 자신이 경제학자로서 '인간이니까'를 전제로 삼아 시
장에서 사람들은 실제로 어떻게 움직이는지, 결과적으로 시
장은 어떻게 되는지에 대해 생각해왔다고 언급했다.

탈러와 같은 학자들이 연구하는 행동경제학의 근저에는
인간다움의 가치를 존중하는 사고방식이 깔려 있다. 행동
경제학은 1990년대 이후 눈부신 발전을 보이며 서서히 주류
경제학의 세계에 발을 들이기 시작했다. 주류 경제학에 대한
비판에서 출발해 인간이 반드시 합리적이기만 한 존재는
아니라는 사실을 밝혀낸 행동경제학은 이제 단순한 연구
차원을 넘어 어떻게 하면 사회와 생활에 좋은 영향을 줄 수
있을지 방법을 모색하는 중이다. 고차원적인 문제를 논하는
학문이 아니라 일상생활 속에 살아 숨쉬는 학문으로서 그
진가를 발휘하기 시작한 것이다.

행동경제학이 사람들의 건강에 좋은 영향을 미친 예를
하나 살펴보자. 구글에서 진행한 직원들의 건강 촉진 관련
실험이다. 구글은 '식사는 모든 것의 기본'이라는 슬로건
을 내걸고 직원에게 제공하는 식사와 음료의 양질화에 힘을
쏟고 있다. 구글 일본 법인에서도 다양한 메뉴를 고루 갖
춘 점심 식사가 무료로 제공된다. 사내에 설치된 자판기는
동전을 넣지 않고 버튼을 누르기만 하면 음료수가 나온다.
식후 디저트도 다양하게 제공되기 때문에 새로 입사한 직원
들은 살이 찌는 경우가 많다고 한다.

구글은 과거 '직원들의 수명을 2년 더 늘리겠다'고 선언하

고 계획을 구체화해 나갔다. 대표적인 예가 뉴욕 지사에서 실시한 구내식당의 레이아웃 변경이다. 이러한 개선 작업의 목적은 직원들이 건강한 식사를 하도록 유도하는 동시에 필요 이상으로 과식하지 않도록 만드는 것이었다.

구글에서 바꾼 것은 음식을 배치하는 방식이었다. 예를 들어 야채는 가장 눈에 띄는 곳에 두고, 사과나 바나나처럼 몸에 좋은 과일은 집기 편한 중앙에 배치했다. 반대로 디저트는 구석 자리로 밀어내고, 형형색색의 초콜릿이 가득 담긴 투명한 디스펜서는 불투명하고 꺼내기도 힘든 형태의 용기로 바꿨다.

딱히 복잡할 것도 없고 단순하기 그지없는 개선책이었지만, 성과는 바로 나타났다. 예를 들어 1회 제공되는 디저트의 양을 줄임으로써 1주 동안 과자류를 통해 섭취하는 칼로리가 9% 감소했다.

또 큰 접시보다 작은 접시를 더 집기 쉬운 위치에 배치하고 '큰 접시를 사용하는 사람은 더 많이 먹는 경향이 있습니다'라는 종이를 붙여둔 결과, 작은 접시 사용률이 1.5배 늘어나 전체 직원의 32%가 작은 접시를 사용하게 되었다.

냉장고 안 가장 집기 쉬운 위치에는 생수를 배치하고, 탄산음료는 집기 힘든 구석으로 옮겼다. 이렇게 위치를 바꾼 것만으로도 물 섭취량이 47% 증가했으며, 음료를 통한 칼로리 섭취량은 7% 감소했다.

앞에서 설명한 내용은 모두 강제하거나 명령하는 것이 아니라 어떻게 행동해야 좋은지를 암암리에 제시하는 방식을 취하고 있다. 이것을 행동경제학에서는 '넛지(nudge)'라고 한다. 넛지는 원래 '팔꿈치로 슬쩍 찌른다'는 의미로, 선택을 강요하거나 인센티브를 큰 폭으로 조정하는 일 없이, 예측 가능한 범위 내에서 사람들의 행동을 더 좋은 방향으로 유도하는 방법이나 기술을 일컫는 말이다.

행동경제학자인 리처드 탈러가 고안한 개념으로, 사람들에게 필요한 정보를 제공하면 경제 활동을 보다 합리적인 방향으로 이끌 수 있다는 생각에 기반하고 있다.

넛지의 가장 대표적인 사례가 바로 네덜란드 암스테르담 스키폴 공항의 남자 화장실이다[그림 1-1]. 이 화장실에 설치된 남성용 소변기에는 작은 파리가 그려져 있다. 정중앙이 아니라 약간 왼쪽으로 치우친 위치인데 언뜻 보기에는 진짜 파리가 앉아 있는 것 같다. 이 변기를 이용하는 사람은 무의식적으로 파리를 노리게 된다. 매우 간단한 원리지만 이로 인해 변기 밖으로 튀는 소변이 80%나 감소한 것으로 나타났다. 결과적으로 공항 화장실 청소 비용은 8% 가까이 줄어들었다.

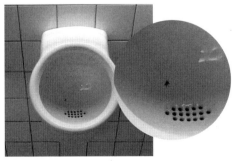

[그림 1-1] 스키폴 공항의 남자 화장실

파리 그림 대신 '화장실을 깨끗하게 사용합시다'라는 안내
문을 붙였다면 아마 효과는 미미했을 것이다. 이용자의 양심
에 호소하며 잔소리를 늘어놓는다 한들 사람들의 행동은
바뀌지 않는다. 넛지를 이용해 사람들을 자연스럽게 유도함
으로써 공항 관리 회사, 화장실 청소 담당자, 이용자 등 많은
사람이 혜택을 보게 되었다. 현재는 과녁이나 축구 골대 등
다양한 디자인이 전 세계 화장실에서 활약하고 있다.

넛지를 활용한 사례는 곳곳에서 찾아볼 수 있다. 그중
하나가 스웨덴 스톡홀름의 지하철역에 설치된 '피아노 소리
가 나는 계단'이다[그림 1-2]. 오덴플랜역에서 지상으로 나오는
계단을 피아노 건반처럼 디자인하고 색을 입힌 다음 센서를
부착해 계단을 오르내릴 때마다 건반 음계에 맞추어 피아노
소리가 나도록 만든 것이다.

[그림 1-2] 스톡홀름 지하철역의 피아노 소리가 나는 계단

이것은 자동차 회사인 폭스바겐이 실시한 공공 서비스
프로젝트의 일환이다. 전기 절약과 건강 증진을 위해 사람들
로 하여금 에스컬레이터가 아니라 계단을 이용하도록 유도
한 것이다. 피아노 계단을 설치한 결과, 계단을 이용하는

미국의 노벨경제학상 수상자는 왜 아이다 미츠오를 좋아할까?

사람이 66% 증가했다.

피아노 계단은 계단을 오르내리는 귀찮은 행위를 즐거운 체험으로 바꿨다. 다시 말해 즐겁고 재미있는 것을 추구하는 사람들의 무의식적인 욕구를 자극하는 넛지라고 할 수 있다. 이후 프랑스의 수도 파리, 프랑스 북서부의 소도시 렌, 중국 난징 등 전 세계 많은 도시에서 피아노 계단을 도입했다.

한편 넛지는 서양 국가들의 공공 정책에서도 성과를 올리고 있다. 지금까지는 보조금이나 세금 우대 등으로 사람들의 행동을 유도하는 경우가 많았는데, 이런 방법이 잘 통하지 않는 경우에 넛지를 활용하게 된 것이다.

영국에서 넛지를 활용한 가장 대표적인 인물은 데이비드 캐머런 전 총리다. 캐머런은 보수당 대표였던 2008년부터 탈러에게 도움을 요청해 2010년 총리 취임 직후, 정책을 기획하고 입안하는 부서인 넛지 유닛을 설치하고 넛지를 토대로 한 정책을 내놓기 시작했다. 미국에서도 2015년 버락 오바마 전 대통령이 대통령령으로 행동경제학을 정책에 활용하는 전략을 수립하도록 지시했다. 일본에서도 환경성, 경제산업성 등이 넛지의 효과를 검증하는 실험을 진행하고 있다.

이렇듯 넛지는 세계 각국에서 대활약하고 있다. 서양에서는 넛지를 활용해 근로자의 퇴직 연금 저축액을 늘리는 데 성공했다. 에너지 절약 움직임이 활발해지고 의료기관 검진율도 높아졌다. 현재도 넛지와 관련된 수많은 프로젝트가 진행 중이다. 행동경제학은 단순한 이론이 아니라 현실 세계의 정치와 사회를 움직이는 힘을 가진 학문이라는 사실이 증명된 것이다.

넛지는 사람들의 자유의사에 대한 개입을 최소화하면서 사람들이 합리적인 판단을 하도록 유도한다. 이것을 '선택 설계'라고 한다. 선택 설계에는 몇 가지 유형이 존재하는데, 그중 가장 대표적인 4가지는 다음과 같다.

① 선택의 조직화

선택의 조직화란 복잡한 선택지를 단순하게 만들어 선택을 유도하는 것을 뜻한다. 선택지가 너무 많으면 사람들은 선택 자체를 포기하는 경향이 있다. 이럴 때는 선택을 단순화해서 사람들의 행동을 유도할 수 있다.

대표적인 예로, 식당 메뉴판에 실린 수많은 메뉴 중 일부에 추천 메뉴 표시를 붙이거나 음식의 매운 정도를 숫자로 표시하는 것 등이 이에 해당한다. 인터넷 쇼핑몰에서 연관 상품이나 추천 상품이 뜨는 것도 구매자의 선택을 돕는 역할을 한다. 지금 어떤 상품을 보고 있는지, 과거에 어떤 상품을 구매했는지 같은 데이터를 바탕으로 소비자에게 적합한 상품이 표시된다. 이것은 모두 넛지를 활용한 사례다.

② 디폴트

디폴트란 바람직한 선택지를 미리 자동으로 설정해두는 방법이다. 사람들은 초기 설정을 바꾸는 번거로움을 꺼리기 때문에 대부분 처음 상태를 그대로 유지한다.

예를 들어 새로 구입한 스마트폰에는 여러 가지 앱이 깔려 있다. 이런 앱은 쓸데없이 메모리만 차지하는 경우가 많은데, 필요 없는 앱을 일일이 확인해서 삭제하는 것이 귀찮다는 이유로 많은 사람들이 그냥 앱이 깔린 상태로 지낸다. 또 인터넷 쇼핑몰에서 회원가입을 할 때 메일링 서비스 항목이 신청 상태로 설정되어 있는 것도 마찬가지다. 본인이 다시 해지 버튼을 누르지 않는 한 자동적으로 메일링 서비스를 받아 보게 된다.

'장기 이식에 대한 의사 표시'는 디폴트의 가장 전형적인 사례라고 할 수 있다. 뇌사할 경우 자신의 장기를 제공하는 데 동의하는 비율은 나라마다 크게 차이가 난다. 오스트리아는 98%, 스웨덴은 86%에 달하는 반면, 독일은 12%, 덴마크는 4%에 불과하다. 거리상으로도 가깝고 언어나 문화가 비슷한 나라 간에도 큰 차이를 보이는 이유는 바로 초기 설정 때문이다. 동의율이 높은 나라는 장기 제공에 반대하는 사람이 해당란에 체크하는 방식이고, 동의율이 낮은 나라는 장기 제공에 찬성하는 사람이 해당란에 체크하는 방식을 취하고 있다. 사람들은 대부분 초기 설정을 건드리지 않았다. 즉 장기 이식에 대해 자발적인 의사 결정 및 의사 표시를 피한 것이다. 행동경제학에서는 이러한 의사 결정 편향을 '초기값 효과'라고 부른다.

③ 피드백

피드백은 어떤 행동을 한 사람에게 그 행동에 대한 반응을 보이는 것이다.

피드백에는 여러 종류가 있다. 예를 들어 예전에 사용하던 필름 카메라는 촬영 후 현상할 때까지 사진이 잘 찍혔는지 확인하는 것이 불가능했다. 다시 말해 피드

백이 존재하지 않았다. 최근의 디지털 카메라는 촬영
후 바로 화면을 통해 방금 찍은 사진을 확인할 수 있
다. 재촬영 여부를 그 자리에서 바로 판단할 수 있게
된 것이다.

일상생활에서도 피드백을 통해 사람들의 행동을 원하
는 방향으로 유도할 수 있다. 대표적인 성공 사례로
미국의 에너지 기업 A 사가 실시한 에너지 절약 시책
을 살펴보자. A 사는 넛지를 활용해 작성한 세대별
에너지 사용 보고서를 각 세대에 발송했다. 보고서에
는 해당 세대의 에너지 소비량뿐만 아니라 주변 지역
소비량을 함께 표시해 서로 비교가 가능하게 했다.
그리고 비교 분석한 내용을 바탕으로 어떻게 하면
에너지를 절약할 수 있는지 조언을 덧붙였다. 그 결
과, 에너지 소비량은 약 2~3% 가량 감소했다. 이것은
전기 요금을 약 11~20% 인상한 것과 비슷한 효과다.

이처럼 에너지 절약 분야에서 넛지를 활용한 실험
은 2016년 일본에서도 진행된 바 있다. 호쿠리쿠전력
은 관할 지역 내 2만 세대에 세대별 에너지 사용 보고
서를 배포해 1달 만에 0.9%의 에너지 절약 효과를 거
두었고, 2달이 지나자 그 수치가 1.2%까지 올라갔다.
참고로 1.2%라고 하면 효과가 미미해 보일 수도 있지
만, 이것은 240세대의 전력 소비량을 0으로 줄인 것과
같은 수준이다.

위 사례에서는 다른 집에서 어느 정도 에너지를 절약
하고 있는지 피드백을 통해 알려줌으로써 사람들의
행동을 유도했다. 사람들은 자신이 얻는 메리트뿐만

아니라 사회 전체가 얻는 메리트를 생각해서 기꺼이 에너지 소비를 줄인 것이다. 행동경제학에서는 이처럼 공정하고 이타적이며 호혜적인 선택이나 행동을 '사회적 선호'라고 한다.

④ 인센티브

인센티브는 특정 행동을 했을 때 보상을 제공함으로써 사람들로 하여금 무의식적으로 그 행동을 하도록 동기 부여하는 방법이다. 예를 들어 헬스장에서 기구 운동을 할 때 칼로리 소비량이 표시되는 것도 인센티브라고 볼 수 있다. 운동으로 지방이 얼마나 연소되었는지 확인함으로써 더 열심히 운동해야겠다는 의욕이 샘솟게 된다. 이처럼 인센티브를 효과적으로 설계하면 타인의 행동을 자연스럽게 유도할 수 있다.

도쿄 하치오지시는 시민들의 암 검진율을 높이기 위한 실험을 진행했다. 당시 시민들의 사망 원인 1위는 암이었으며, 종류별로는 대장암으로 사망하는 경우가 가장 많았다. 대장암 검진을 받으면 암을 조기에 발견하고 치료할 수 있기 때문에 시는 보다 많은 시민들이 대장암 검진을 받도록 할 필요가 있었다. 하치오지시는 해마다 전년도에 대장암 검진을 받은 시민을 대상으로 새로운 연도가 시작될 때 대변 검사 키트를 발송했다. 하지만 키트를 사용하는 비율, 즉 검진율은 큰 변화가 없었다. 그래서 이번에는 키트 미사용자에게 대장암 검진 안내 엽서를 발송하는 실험을 진행한 것이다. 실험에서는 인센티브의 내용을 달리한 A, B 2종류의 엽서를 준비했다.

A: 올해 검진을 받은 분께는 내년에도 키트를 보내드립
   니다.

B: 올해 검진을 받지 않은 분께는 내년에 키트를 보내
   드리지 않습니다.

A와 B 각각 동일한 양의 엽서를 발송한 결과, 검진을
받으면 이득을 보는 A에서는 22.7%, 검진을 받지 않으
면 손해를 보는 B에서는 29.9%가 검진을 받은 것으로
확인되었다.

양쪽 모두 동기 부여가 되었지만, 사람들을 움직이기
위해서는 손실을 내세우는 편이 더 효과적이었다는
말이다. 여기에는 행동경제학에서 말하는 손실 회피
심리가 작용했다고 볼 수 있다.

손실 회피라는 개념을 처음으로 제시한 사람은 노벨
경제학상을 수상한 행동경제학자 대니얼 카너먼이다.
카너먼은 저서 『생각에 관한 생각』에서 손실 회피에
관해 몇 가지 예를 들어 설명하고 있다 (주 1–2). 다음에
소개하는 동전 던지기 내기도 그중 하나다.

동전의 뒷면이 나오면 100달러를 낸다.
동전의 앞면이 나오면 150달러를 받는다.

이 내기가 매력적이라고 생각하는가? 당신이라면 이
내기를 하겠는가?

동전의 앞면과 뒷면이 나올 확률은 동일하므로 이겼을
때 받는 돈이 졌을 때 내는 돈보다 많다면 당연히 내기

를 하는 편이 이득이다. 하지만 대다수 사람들은 이 내기에 응하지 않았다. 100달러를 잃을지도 모른다는 두려움이 150달러를 얻는 기쁨보다 더 컸기 때문이다. 이처럼 이득보다 손실을 더 크게 느끼는 심리적 성향을 '손실 회피'라고 한다. 동전 던지기와 관련해 카너먼은 '보통은 뒷면이 나왔을 때 내는 돈이 100달러라면 앞면이 나왔을 때 받는 돈이 200달러 이상은 되어야 내기에 응한다'고 설명한다. 하치오지시의 암 검진 사례에서도 올해 검진을 받지 않으면 내년에 암 검진을 받지 못한다고 안내함으로써 손실을 회피하고자 하는 사람들의 심리를 자극해 암 검진을 받게 만드는 효과를 거둔 것이다.

지금까지 넛지의 몇 가지 사례를 살펴보았다. 구글의 사내 식당에서는 직원들의 건강 증진을 위해 넛지를 활용했으며, 그밖에도 에너지 절약이나 의료 등 다양한 분야에서 넛지가 사용되고 있다. 탈러가 강조하는 넛지의 밑바탕에는 '자유주의적 개입주의(libertarian paternalism)'라는 사고가 깔려 있다. 자유주의적 개입주의란, 선택의 자유를 침해하거나 힘으로 강제하지 않는 자유주의(libertarianism)와 사람들로 하여금 좋은 행동을 하게 하거나 나쁜 행동을 하지 않게 함으로써 상황을 개선하고자 하는 개입주의(paternalism)가 합쳐진 개념이다.

넛지는 세금, 벌금, 보상 등과 같은 강제적인 틀을 사용하지 않는다. 자유 의지를 존중하기 때문이다. 예를 들어 A의 과식이라는 문제를 해결하고자 할 때, 강제로 먹지 못하게 하거나 음식값을 인상하는 것은 넛지가 아니다. 넛지에서는 어디까지나 A 본인이 스스로의 자유의사에 따라 행동하게 만든다. 예를 들면 작은 접시를 고르도록 유도하는 식이다.

강제하지 않는다는 증거로 넛지는 잘못된 선택을 할 자유를 남겨둔다. A는 원한다면 얼마든지 더 먹고 살이 찔 수도 있다. 아무리 어리석은 선택이라 할지라도 넛지에서는 그것을 금지하지 않는다.

사람들은 심리적 성향에 좌우된다. 때로는 눈앞의 유혹에 넘어가기도 하고, 충분히 검토하지 않고 충동적으로 물건을 사기도 하며, 합리적인 이유 없이 현재 상태를 유지하려 하기도 한다. 이처럼 인간이 불완전한 존재라는 사실을 받아들인 상태에서 사람들로 하여금 보다 좋은 행동, 보다 옳은 행동을 하도록 이끄는 것이 넛지다.

넛지는 행동경제학의 짧은 역사 속에서도 비교적 최근에 등장한 개념이다. 넛지를 보면 행동경제학이 인간다움을 중시하는 학문이라는 사실을 알 수 있다. 다시 말해 넛지는 우리에게 지금보다 더 행복해지기 위한 방향을 제시하는 하나의 지침인 셈이다.

사람들은 왜
핸드폰 게임에 빠질까?

　핸드폰 게임이란 앱스토어나 구글 플레이, SNS 등을 통해 다운로드 받아 플레이할 수 있는 온라인 게임을 가리킨다. 게임을 하면서 만난 유저들이 온라인상에서 인적 네트워크를 형성할 수 있다는 것이 특징으로, 소셜 게임이라고도 한다. 대전 액션 게임이나 스토리가 있는 RPG 게임 등 종류는 다양하다. 2012년 『퍼즐 앤 드래곤』, 2018년 『포켓몬 GO』가 큰 인기를 끌었으며, 현재도 많은 게임들이 계속해서 출시되고 있다. 플레이는 기본적으로 무료이지만, 아이템 구입 등 과금 시스템을 갖추고 있는 경우가 많다.

　핸드폰 게임은 스마트폰이 보급되기 시작한 2010년 무렵부터 이용자가 늘어나 단기간에 큰 폭으로 성장했다. 2018

년 6월 일본의 한 연구소가 발표한 바에 따르면 핸드폰 게임을 즐기는 10세~59세 일본인 유저 수는 약 2958만 명에 달한다. 이 나이대에 해당하는 일본 인구가 7332만 명이니 일본인 10명 중 4명은 핸드폰 게임을 한다는 말이다.

핸드폰 게임을 하는 시간은 1번에 약 7분씩 하루 평균 5번, 총 35분 정도라고 한다. 하루 24시간 중 수면 시간을 제외한 나머지 시간만 놓고 보면 상당히 높은 비중이다. 일반 직장인이 자유롭게 사용할 수 있는 시간은 9시~10시(통근시간), 12시~13시(점심시간), 18시~24시(퇴근 후) 등 다 합쳐서 8시간 정도밖에 되지 않기 때문이다. 이 가처분 시간은 게임뿐 아니라 SNS나 동영상 시청 등에도 사용된다. 그렇기 때문에 핸드폰 게임은 1회 플레이 시간이 짧고, 중간중간 짬이 날 때마다 플레이할 수 있는 형태가 일반적이다.

프랑스의 사회학자 로제 카이와는 모든 놀이가 다음 4가지 요소의 조합으로 이루어져 있다고 보았다(주 1-3).

- 타인과의 경쟁 '아곤(경쟁)'
- 우연한 사건과 기대 '알레아(확률)'
- 다른 역할을 경험해보는 재미 '미미크리(모방)'
- 비일상적인 감각 '일링크스(몰입)'

인터넷 서비스 업체 DeNA의 고바야시 겐지 소셜게임사업 본부장은 이러한 특징을 지닌 핸드폰 게임의 매력을 '사회적 관계 속에서 자신이 개입할 수 있고, 개입에 따른 고도의 피드백(대가)을 얻을 수 있는 엔터테인먼트'라고 정의했다(주 1-4).

로제 카이와가 제시한 4가지 요소에 대입해 설명하자면 핸드폰 게임은 다음과 같은 피드백을 제공한다고 말할 수 있다.

- 경쟁에서 얻은 승리
- 예상 외의 발견
- 자기가 아닌 존재가 되어보는 경험
- 일상과는 전혀 다른 독특한 체험

이것만으로도 충분히 매력적이지만 이에 더해 핸드폰 게임 특유의 다양한 피드백이 존재한다. 눈에 보이는 것부터 보이지 않는 것에 이르기까지 피드백의 종류는 다양하다. 예를 들어 캐릭터의 성장, 자신이 속한 팀의 승리, 게임상의 레벨이나 지위, 지금까지 몸에 익힌 플레이 기술 등이 여기 해당한다. 모두 유저 본인에게는 큰 의미가 있는 소유물이다. 이러한 소유물을 잃고 싶지 않다는 생각이 핸드폰 게임에 빠지게 되는 가장 큰 원인이라고 할 수 있다.

사람은 자신이 가진 물건이 매우 가치 있다고 느끼고, 그것을 계속 소유하고 싶어 하는 경향이 있다. 이러한 심리를 행동경제학에서는 '보유 효과'라고 한다. 이 법칙을 검증하기 위해 대니얼 카너먼은 다음과 같은 실험을 진행했다.

우선 실험에 참가하는 학생들을 A와 B 2개 그룹으로 나눈 다음, A 그룹에 대학 로고가 새겨진 머그컵을 제공했다. 그러고 나서 A 그룹에는 '이 머그컵을 B 그룹에 얼마를 받고 팔겠는가?'라고 묻고, B 그룹에는 '이 머그컵을 A 그룹에 얼마를 주고 사겠는가?'라고 물었다.

머그컵의 통상적인 가격은 6달러 정도이지만, A 그룹이 제시한 평균 판매가는 7.12달러, B 그룹이 제시한 평균 구매가는 2.87달러였다. 머그컵을 가진 사람들은 머그컵을 가지지 않은 사람들에 비해 컵의 가치를 2배 이상 높게 평가한 것이다. 인간이 정말로 합리적인 존재라면 소유 여부와 상관없이 동일한 물건에 대해서는 동일한 평가를 내려야 할 텐데 말이다.

이 보유 효과와 관련이 깊은 법칙이 바로 손실 회피다. 사람은 긍정적인 자극(이득)보다 부정적인 자극(손실)에 더 민감하게 반응하며, 무의식적으로 손실을 피하고자 하는 경향을 보인다.

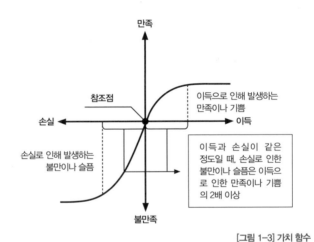

[그림 1-3] 가치 함수

그림 1-3은 손실 회피를 표로 나타낸 가치 함수이다. 이득이 발생한 경우와 손실이 발생한 경우에 느끼는 감정을 그래프로 정리한 것으로, 그래프 정중앙에서 오른쪽으로

갈수록 이득이 발생했다는 의미이고, 왼쪽으로 갈수록 손실이 발생했다는 의미이다. 위로 갈수록 만족도가 높아지고, 아래로 갈수록 만족도가 낮아진다. 이해득실과 만족-불만족의 관계는 곡선으로 나타난다. 중앙에서 오른쪽으로 갈수록 만족도가 높아져 그래프가 위로 향하고, 왼쪽으로 갈수록 불만이 커져 그래프가 아래로 향하게 된다.

만약 비슷한 정도의 이득과 손실이 발생했다면 사람들은 어느 정도 만족하고 어느 정도 불만족할까? 그래프를 보면 중앙에서 오른쪽과 왼쪽으로 각각 똑같이 이동했을 때, 불만족이 만족보다 2배 가까이 큰 폭으로 움직인다는 사실을 확인할 수 있다. 일정 수준의 손실로 인해 느끼는 불만이 동일한 수준의 이득으로 인해 느끼는 만족보다 훨씬 크다는 것이다.

보유 효과는 손실 회피에 기인해 나타나는 심리적 성향이라고도 볼 수 있다. 인간의 뇌는 자신이 가지고 있던 물건을 잃는 것을 손실로 파악한다. 그리고 그것을 잃을 경우 느끼게 되는 불만이나 슬픔을 피하려고 한다. 그래서 자신이 소유한 물건의 가치를 극단적으로 높이 평가하게 되는 것이다.

보유 효과는 형체가 있는 물건뿐만 아니라 지위, 이권, 권력 등 눈에 보이지 않는 대상에도 적용된다. 예를 들어 높은 지위에 있는 사람이 그 지위를 잃지 않으려고 필사적으로 노력하는 것을 보고 주변 사람들은 '왜 저렇게 지위에 집착할까?'라고 생각한다. 이때 당사자는 지위로 인한 보유 효과에 사로잡힌 상태라고 할 수 있다.

또 보유 효과는 단순히 가지고 있는 것이 아니라 온전히 내 것으로 삼음으로써 발생한다. 예를 들어 가구점에서 판매용 테이블을 아무리 오래 전시해두어도 보유 효과는 발생하지 않는다. 가구점은 테이블을 소유하고 있는 것이 아니라 테이블을 팔아서 대금과 교환하기 위해 잠시 가지고 있는 것일 뿐이기 때문이다.

이와 같은 '피드백에 따른 보유 효과'는 사람들이 핸드폰 게임에 빠지는 가장 큰 이유라고 볼 수 있다. 2번째 이유는 '자신이 관여한 대상을 높이 평가하게 되는 심리' 때문이다. 예를 들어 집에서 직접 기른 채소는 근처 마트에서 판매하는 채소보다 훨씬 더 맛있게 느껴진다. 하지만 다른 사람들은 전혀 차이가 없다고 느낄 수도 있다. 이처럼 사람은 자신이 노력한 대가로 얻은 결과나 스스로 노력해서 달성한 목표를 높이 평가하는 경향이 있다.

댄 애리얼리 듀크대학 교수는 이러한 현상에 '이케아 효과'라는 이름을 붙였다. 스웨덴의 가구 회사 이케아는 가구를 완제품이 아닌 부품 상태로 판매하기 때문에 소비자가 구입후 직접 조립해야 한다. 시간과 노력을 들여 완성해가는 과정에서 제품에 대한 애정이 생기고, 그렇게 해서 완성된 제품이 훨씬 가치 있다고 여기게 되는 것이다.

하버드대학 경영대학원과 듀크대학은 이케아 효과를 검증하는 실험을 진행했다. 실험에서는 참가자들에게 색종이로 개구리와 학을 접게 한 후, 자신이 만든 작품과 다른 참가자가 만든 작품에 가격을 매기도록 해서 각자가 느끼는 가치에 차이가 있는지를 알아보았다.

참가자들은 자신이 만든 작품에는 20센트가 넘는 가격을 매겼다. 한편 다른 참가자가 만든 작품에 매긴 가격은 5센트에 불과했다. 또 종이접기 전문가가 만든 작품을 경매에 부치자 참가자들은 자기 작품에 매긴 것과 비슷한 정도의 가격을 불렀다. 즉 자기가 만든 작품이 전문가의 작품만큼 가치가 있다고 본 것이다. 직접 만든 물건이나 노력해서 얻은 결과에 대해 과도한 애착을 느끼는 이케아 효과 때문이다.

발명가 토머스 에디슨 역시 이케아 효과에서 자유롭지 못했다. 19세기 말, 에디슨은 직류전기를 발명했다. 그 후 에디슨의 회사에 입사한 니콜라 테슬라가 교류전기를 발명한다. 에디슨은 테슬라의 발명을 인정하지 않고, 교류전기가 위험하다는 캠페인을 벌이며 자신의 발명이 더 우월하다고 주장했다. 하지만 현재 우리는 에디슨의 직류전기가 아닌 테슬라의 교류전기를 사용하고 있다. 에디슨과 테슬라의 경쟁은 전류 전쟁이라고 불렸는데, 애초에 전류 전쟁이 시작된 원인은 에디슨이 자신의 발명에 지나친 애착을 보였기 때문이다. 즉 이케아 효과의 영향이라고 할 수 있다.

이 외에도 이케아 효과는 우리 생활 곳곳에서 찾아볼 수 있다. 1940년대 미국에서는 이케아 효과 덕분에 핫케이크 가루의 매출이 큰 폭으로 증가하기도 했다.

핫케이크 가루는 현재 대중적으로 널리 사용되는 제품이지만, 처음 출시되었을 때는 그다지 인기가 없었다. 초창기의 핫케이크 가루는 물을 붓고 굽기만 하면 핫케이크가 완성되는 방식으로, 조리법이 매우 간단했다. 제조사는 기존의 이 핫케이크 가루에서 계란과 우유 성분을 덜어내고, 소비자가 직접 계란과 우유를 추가하는 방식으로 바꾸었다. 그러자 핫케이크 가루의 매출이 큰 폭으로 늘었다. 소비자의 수고를 덜어주는 것이 아니라 오히려 더 늘어나게 함으로써 직접 만드는 즐거움과 뿌듯함을 선사했기 때문이다. 이것도 이케아 효과의 한 예라고 할 수 있다.

핸드폰 게임에서 얻은 피드백에 대해 보유 효과가 작동한다는 사실은 이미 앞에서 설명한 바 있다. 또 이케아 효과로 인해 사람들은 자신이 노력해서 얻은 것에 대해서는 더 강한 애착을 느낀다. 예를 들어 게임에서 획득한 아이템, 게임상의 지위나 레벨, 습득한 기술 등이 이에 해당한다. 유저는 이케아 효과로 인해 이러한 것들이 매우 가치 있다고 여기게 된다.

핸드폰 게임에 빠지는 3번째 이유는 '반복해서 보면 호감을 갖게 되는 심리' 때문이다. 게임을 계속해서 플레이하면 같은 화면을 반복해서 보기 때문에 '자이언스 효과'의 영향을 받게 된다. 자이언스 효과란 사회심리학자 로버트 자이언스가 내놓은 이론으로, '단순노출 효과'라고도 한다. 이것은 접촉 횟수가 증가함에 따라 대상에 대한 친근감과 호감도가 커지는 현상을 말하는데, 그 대상이 반드시 매력적이어야 할 필요는 없다. 정도의 차이는 있지만, 단순히 반복해서 보는 것만으로도 대상에 대한 호감도는 올라간다.

자이언스는 다음과 같은 실험을 통해 이 사실을 증명했다.

'아무 뜻도 없는 단어(이하 단어)'와 '중국어의 한자와 같은 기호(이하 한자)'를 무작위로 1~25회 제시하고, 제시한 횟수에 따라 각각의 단어나 한자에 대한 호감도가 어떻게 변하는지 살펴보았다. 실험 결과, 제시한 횟수가 늘어날수록 호감도가 증가한다는 사실이 밝혀졌다. 자이언스는 단어나 한자뿐 아니라 얼굴 사진으로도 동일한 실험을 진행했다. 자이언스 외에도 많은 학자들이 무의미한 글자의 나열, 의미를 가진 단어, 소리, 그림, 사진, 의미 없는 도형, 냄새, 미각 등 다양한 자극을 사용해서 비슷한 실험을 진행했고, 거의 모든 실험에서 자이언스 효과를 확인할 수 있었다.

자이언스 효과는 접촉 횟수를 늘리면 자동적으로 호감을 얻을 수 있다는 단순한 원리이기 때문에 비즈니스 현장에서도 많이 사용된다. TV 광고를 반복해서 내보냄으로써 자사 제품이나 서비스에 대한 시청자의 호감도를 높이거나, 영업사원이 고객을 자주 방문해서 자신의 존재를 알리고 고객의 호감을 얻고자 노력하는 것 등이 그 예다.

핸드폰 게임의 유저도 게임을 플레이하는 동안 시작 화면, 게임 내 다양한 장면들, 등장인물의 모습 등과 같은 영상을 반복해서 보게 된다. 그 과정에서 자이언스 효과의 영향을 받아 자신이 플레이하는 게임에 대한 호감이나 애착이 강해지는 것이다.

핸드폰 게임에 빠지는 4번째 이유는 '지금까지 소비한 시간이 아까워서 그만두지 못하는 심리' 때문이다. 게임을 오래 하면 플레이한 시간도 길어지고, 게임을 하는 데 들인 노력과 돈도 상당한 수준에 이르게 된다. 이 시간과 노력과 돈은 다른 유익한 일에 사용할 수도 있었던 것들이다. 핸드폰 게임을 하지 않았다면 출퇴근 지하철 안에서 책을 읽었을 수도 있고, 출근 전이나 퇴근 후에 집에서 신문이나 TV 뉴스를 보며 사회 정세를 파악할 수 있었을지도 모른다. 밤에도 일찍 잠자리에 들어 충분한 수면을 취할 수 있었을 것이다.

핸드폰 게임에 사용한 시간, 돈, 노력과 같은 비용은 당연히 회수가 불가능하다. 그러나 사람들은 지금까지 지출한 비용을 어떻게든 회수하고 싶어 한다. 바로 이러한 심리를 '매몰 비용 효과'라고 한다. 매몰 비용의 '매몰(Sunk)'은 '가라앉다(Sink)'라는 동사의 과거분사형으로, 매몰 비용이란 이미 지출해서 회수가 불가능한 투자 비용을 의미한다.

앞으로의 행동 방향을 결정할 때, 매몰 비용은 고려 대상이 아니다. 하지만 대다수 사람들은 매몰 비용에 대한 미련을 버리지 못해 잘못된 판단을 한다. 지금까지 투자한 비용이 아까워서 손해라는 것을 알면서도 계속해서 투자함으로써 결과적으로 손해를 더 키우게 되는 것이다.

매몰 비용 효과와 관련해서 잘 알려진 실제 사례가 있다.

콩코드는 영국과 프랑스가 공동으로 개발한 세계 최초 초음속 여객기로, 개발 중에 이미 전 세계에서 100기가 넘는 주문이 쏟아질 정도로 큰 인기를 끌었다.

하지만 긴 활주로가 필요하다는 점, 이착륙 시 소음이 크다는 점 등이 개발 과정에서 확인되었고, 소닉 붐(음속을

돌파할 때 내는 충격파로 인해 생기는 폭발음) 때문에 실제 초음속 비행은 바다 위 높은 고도에서만 가능하며, 탑승 가능 인원은 100명 정도밖에 되지 않고, 기체 자체도 비싼 데다가 연비도 좋지 않다는 점 등이 추가로 밝혀졌다.

비슷한 시기에 콩코드보다 속도는 느리지만 대량 수송이 가능한 대형 여객기가 등장하면서 콩코드에 대한 주문 취소가 잇따랐고, 콩코드 공동 개발 프로젝트는 난관에 부딪혔다. 이대로 개발을 계속하더라도 수익을 기대하기는 어려웠고, 오히려 개발을 진행하면 할수록 적자 폭이 늘어날 것으로 예상되었다. 많은 사람들이 '지금 당장 프로젝트를 중단하고 예약 고객에게 위약금과 배상금을 지불하는 것이 피해를 최소화하는 길'이라고 주장했지만 프로젝트는 중단되지 않았다.

바로 매몰 비용 효과 때문이다. 지금까지 투자한 예산과 시간, 노력에 대한 미련을 버리지 못한 것이다. 또 관계자들은 프로젝트 중단 시 책임을 추궁당할 것을 우려해 작업을 계속 이어나갔고, 결과적으로 콩코드 프로젝트는 어마어마한 적자를 기록했다. 프로젝트에 투입된 비용은 4조 원 정도인데, 이로 인한 적자는 수십조 원에 달했다.

매몰 비용 효과는 대형 프로젝트에서만 나타나는 현상이 아니다. 예를 들어 무한리필 음식점에 가면 평소보다 많이 먹게 되는데 이처럼 지불한 돈이 아까워서 억지로 더 먹는 것은 매몰 비용을 의식한 결과다.

많은 기업에서 이러한 심리를 제품의 판매 촉진에 활용하고 있다. 예를 들어 온라인 쇼핑몰에서 '○○원만 더 사면 배송비 무료' 같은 이벤트를 하는 경우, 소비자는 지금까지 장바구니에 담은 금액이 무의미해지지 않도록 무료 배송 기준에 맞추어 물건을 더 사게 된다. 추가로 얻는 혜택보다 불필요하게 지출하는 비용이 더 많아지더라도 당장 손해를 보지 않는 쪽을 선택하는 것이다.

콩코드 개발 프로젝트처럼 우수한 인재가 총동원된 경우에도 사람들은 매몰 비용 때문에 합리적인 선택을 하지 못했다. 핸드폰 게임을 하는 유저가 과거에 지출한 시간과 돈과 노력을 아까워하는 것도 동일한 맥락에서 이해할 수 있다. 지금까지 지출한 비용에 대한 미련 때문에 앞으로도 계속해서 시간과 돈과 노력을 지출하게 되는 것이다.

핸드폰 게임에 빠지는 5번째 이유는 '게임을 하지 않았을 경우를 생각하고 싶어 하지 않는 심리' 때문이다. 행동경제학에는 '기회비용의 경시'라는 법칙이 있다. 기회비용이란 어떤 것을 선택함으로써 포기하게 되는 것의 가치, 즉 다른 것을 선택했다면 얻었을 이익을 가리킨다. 자신이 바라는 모든 것을 손에 넣기란 불가능하다. 무언가를 선택한다는 것은 곧 무언가를 포기한다는 것을 뜻한다. 행동경제학에서는 사람들이 이러한 기회비용을 경시하는 경향이 있다는 사실을 증명해냈다.

핸드폰 게임의 경우에도 만약 게임을 하지 않았다면 그 시간에 할 수 있었을 공부나 일, 사교 등은 그다지 가치가 없다고 치부되기 쉽다. 핸드폰 게임에 들인 시간, 돈, 노력과 같은 매몰 비용에 집착하는 것과는 완전히 반대되는 현상이다. 기회비용을 경시하는 사람들은 만약 핸드폰 게임을 하지 않았다면 어땠을지 생각해보는 대신 계속해서 게임을 하는 쪽을 택한다.

하던 행동을 중간에 멈추거나 현재 상황을 바꾸는 것은 쉬운 일이 아니다. 사람들은 '현상 유지 편향'의 영향을 받기 때문이다.

현상 유지 편향이란, 자신이 모르는 대상이나 경험해보지 않은 것을 시도하기보다는 현재 상태 그대로를 유지하고자 하는 심리적 성향을 뜻한다. 새로운 시도나 변화에는 리스크가 따르기 마련이다. 지금 이 상태를 유지하는 것이 반드시 좋다고는 할 수 없지만 현 상태를 유지하는 한 적어도 미지의 리스크와 마주할 일은 없다. 이런 상황에서는 손실 회피 심리가 발동한다. 변화에 따르는 손실을 피하기 위해 현상을 유지하는 쪽을 택하게 되는 것이다.

현상 유지 편향은 일상생활에도 영향을 미친다. 예를 들어 마음에 드는 패션 브랜드를 발견하면 옷을 살 때 다른 곳을 더 알아보지 않고 그 브랜드의 옷만 계속해서 사게 된다. 자주 가는 음식점의 단골이 되는 것도 마찬가지다. 처음 보는 가게에 갈 경우 감수해야 하는 리스크를 피하고 싶은 심리, 즉 현재 상태를 바꾸고 싶지 않다는 심리가 작동하는 것이다. 현재 다니는 직장에 불만이 있지만 이직을 적극적으로 알아보지 않는 것 역시 현상 유지 편향의 결과라고 할 수 있다.

이러한 현상 유지 편향이 기회비용의 경시와 합쳐지면

게임 폐인을 낳는다. 핸드폰 게임에 빠진 사람은 그 시간에 할 수 있는 다른 유익한 일에 대해 생각하지 않으려고 하며 (기회비용의 경시), 게임을 플레이하는 현재 상태를 유지하고자 한다(현상 유지 편향). 출구가 존재하지 않는 다람쥐 쳇바퀴 돌리기 같은 상황이라고 할 수 있다.

지금까지 행동경제학의 다양한 이론을 통해 사람들이 핸드폰 게임에 빠지는 이유를 살펴보았다. 사람들이 게임을 그만두지 못하는 것은 여러 가지 이유가 복합적으로 작용한 결과다. 참고로 이런 중독 현상은 비단 핸드폰 게임에서만 나타나는 것은 아니다. SNS 중독 등도 원리는 동일하다.

물론 좋아하는 것을 열심히 하는 것은 개인의 자유다. 다만 머리로는 그만두고 싶다고 생각하는데 몸이 따라주지 않는 사람도 있을 것이다. 그런 경우에는 지금까지 설명한 중독 프로세스를 참고하기 바란다. 여기서 소개한 개념들을 바탕으로 자신에게 주어진 시간을 어떻게 사용할지 다시 한번 점검해보아도 좋을 것이다.

마지막으로, 어떻게 하면 자신의 의도와 달리 무언가에 빠지게 되는 상황을 피할 수 있을까? 이와 관련해 심리학자 톰 스태퍼드는 '보유 효과에 대처하는 방법'에 대해 논한 바 있다. 스태퍼드는 현재 자신이 가지고 있는 것에 대해 '이것을 얼마나 가치 있게 여기는지'가 아니라 '만약 지금 이것을 가지고 있지 않다면 손에 넣기 위해 얼마나 지불할 용의가 있는지' 생각해보라고 말한다. 그것을 보유하고 있는 상태에서 한 발짝 떨어져봄으로써 객관적인 사고와 합리적인 선택이 가능해진다는 것이다.

예를 들어 핸드폰 게임이라면 지금까지 게임을 하지 않았다고 가정했을 때, 다른 것과 비교해서 그래도 게임을 선택할 것인지 스스로에게 물어보라는 것이다. 보다 이성적으로 판단하기 위해서는 매몰 비용도 생각하지 않는 편이 좋다. 사람은 누구나 무언가에 빠질 가능성을 내포하고 있다. 그런 상황에서 지금까지 설명한 행동경제학 지식이 참고가 될 것이다.

구독 서비스는
왜 인기가 있을까?

구독(Subscription)이란 소비자가 물건을 구입하지 않고 대여해서 이용한 기간에 따라 요금을 지불하는 비즈니스 모델이다. 일본의 마케팅 전문지 『닛케이MJ』가 발표한 2018년 히트 상품 2위에 선정되는 등 최근 많은 주목을 받고 있다. 구독 서비스 또는 월정액 서비스라고도 하며, 업종을 가리지 않고 다양한 상품과 서비스에 적용 가능하다(주 1-5).

기존에 신문 등 정기 간행물을 일정 기간 구독하던 시스템이 드라마, 영화, 음악 등을 무제한으로 보고 들을 수 있는 서비스로 확대되면서 이제는 일반적인 소비 형태로 자리 잡은 것이다. 매달 5천~2만 원 정도를 내면 수십만 편의 영화를 마음껏 볼 수 있고, 수천만 곡의 음악을 마음껏 들을 수 있으며, 수백 권의 잡지를 마음껏 읽을 수 있다. 말하자면 정액제 콘텐츠 이용 서비스인 셈이다. 컴퓨터에서 사용하는 소프트웨어도 단품 판매에서 구독 형태로 전환하는 기업이 늘고 있다. 소비자는 온라인에서 해당 소프트를 다운로드 받거나 클라우드를 통해 이용할 수 있다.

음악이나 영화, 소프트웨어 등 디지털 전송이 가능한 상품은 물건을 직접 주고받는 물류를 필요로 하지 않기 때문에 구독 시스템과 궁합이 잘 맞는다. 이런 형태를 통틀어 '디지털형 구독 서비스'라고 한다.

한편 '실물형 구독 서비스'도 늘어나고 있다. 예를 들어 정장 대여 서비스는 예전부터 존재했다. 서비스 이용자는 매달 6만~10만 원 정도를 내고 마음에 드는 정장을 자유롭게 빌릴 수 있다. 다양한 라이프스타일이나 상황에 적합한 옷을 선택할 수 있으며, 구독 상품에 따라서는 스타일리스트의 코디가 포함되기도 한다. 명품 시계, 명품 가방, 장신구는 물론 최근에는 가구나 자동차를 대상으로 한 구독 서비스까지 등장했다.

'체험형 구독 서비스'도 증가하는 추세다. 체험형 구독 서비스란 외식, 미용, 주거 등과 관련된 서비스를 정액제로 이용하는 형태이다. 라멘을 무제한으로 먹을 수 있는 식당(월 약 8만 원), 커피를 무제한으로 마실 수 있는 카페(월 약 3만 원), 생맥주나 칵테일 등 60종이 넘는 술을 무제한으로 마실 수 있는 술집(월 약 4만 원) 등이 있다. 또 일정 금액을 내고 1달간 자유롭게 이용 가능한 미용실, 매일 꽃 1송이를 받을 수 있는 꽃집, 좋아하는 가구를 일정 기간 빌려서 사용할 수 있는 가구점 등 구독 시스템을 도입하는 분야는 갈수록 다양해지고 있다.

이처럼 구독 서비스가 증가하는 이유는 사람들의 생활 양식이 과거와는 달리 물건을 소유하지 않는 방향으로 변하고 있기 때문이다. 현대인은 심플 라이프를 추구한다. 특히 일본에서는 불필요한 것을 버리고 집착에서 벗어난 상태를 지향하는 단샤리(斷捨離)나 미니멀리스트가 크게 유행하기도 했다.

물건을 많이 가진 것이 풍요로움의 상징으로 받아들여지던 시대는 끝났으며, 자신이 소유한 물건을 자랑하고 거들먹거리는 사람은 거품 경제의 붕괴와 함께 자취를 감추었다. 물건을 쉽게 사고 쉽게 버리는 소비 스타일은 쓰레기를 양산한다는 점에서 지구 환경에도 안 좋은 영향을 미치기 때문에 현대 사회에서는 비난의 대상이 된다. 하지만 물욕은 인간의 기본적인 욕구 중 하나이기 때문에 이것을 완전히 없애기란 불가능하다. 즉 현대인은 사고 싶은 물건이 없어진 것이 아니라 구입할 물건을 보다 신중하게 고르게 된 것이다. 구독 서비스는 이렇듯 변화한 현대인의 생활 양식에 적합한 소비 형태라고 할 수 있다.

최근에는 기업 입장에서도 물건을 판매하는 데에만 집착하지 않는다.

마케팅의 초점은 '상품의 제공'에서 '가치의 제공'으로 옮겨가고 있다. 예를 들어 드릴을 판매하는 것은 상품의 제공에 해당한다. 하지만 사실 고객이 원하는 것은 드릴이 아니라 구멍을 뚫는 것이다. 그렇다면 고객이 원하는 가치를 제공하는 방법으로 드릴을 대여하거나 드릴을 지참한 기술자를 파견하는 등 다양한 선택지를 고려해볼 수 있다.

고객이 원하는 가치는 CD가 아니라 음악을 듣는 것이고, 옷을 갖는 것이 아니라 다양한 패션을 즐기는 것이며, 차를 소유하고 싶은 것이 아니라 이동 수단이 필요한 것이다. 구독 서비스는 이러한 가치를 제공하는 데 최적화된 시스템이다.

국내 시장의 확대를 기대하기 어렵다는 점도 기업의 사업 형태를 변화시키는 원인 중 하나다. 인구가 증가하고 경기도 좋아지고 있다면 기업은 계속해서 새로운 고객을 발굴해서 물건을 판매할 수 있다. 과거에는 이런 화전 농업식 판매 형태가 주를 이루었다. 그러나 경제가 축소 국면에 들어선 현대에는 장기간에 걸쳐 지속적으로 서비스를 제공하면서 꾸준한 수입을 얻는 형태의 사업이 각광을 받고 있다. 고객에게 정기적으로 상품이나 서비스를 제공하는 구독 서비스는 이러한 사업의 대표격이라고 할 수 있다.

이처럼 생활 양식, 마케팅, 사업 형태가 변화함에 따라 구독 서비스의 인기는 점점 더 높아지고 있다. 하지만 사람들은 단순히 유행이라서 구독 서비스를 이용하는 것은 아니다. 개중에는 자신이 구독 서비스를 이용하고 있다는 인식이 아예 없는 경우도 많다. 딱히 의도하지 않았는데 어쩌다 보니 구독 서비스를 이용하고 있는 것이다. 그렇다면 그 행동의 이면에는 자신도 모르는 사이에 모종의 심리적 요소가 작용했을 가능성이 높다.

행동경제학의 관점에서 보면 이것은 '현상 유지 편향'으로 설명이 가능하다. 현상 유지 편향이란 변화를 싫어하고 현재 상태 그대로 유지하고자 하는 심리를 가리키는데, 바로 이러한 심리가 구독 서비스 이용에도 영향을 미치는 것이다. 어떤 계기로 일단 구독 서비스를 시작하면 매달 일정액을 지불하면서 해당 상품이나 서비스를 자유롭게 이용하는 상태가 일상이 되고, 그 상태가 사라지는 것은 손실이라고 인식하기 때문에 구독 서비스를 끊지 못하고 계속 이용하게 되는 것이다.

현상 유지 편향은 미국 보스턴대학의 윌리엄 새뮤얼슨과 하버드대학의 리처드 잭하우저가 1988년에 발표한 논문에서 처음 등장한 개념이다. 행동경제학자 잭 네치 역시 현상 유지 편향을 증명하는 실험을 한 적이 있다. 우선 A와 B 2개 교실의 학생들에게 설문지를 배포한 뒤, 학생들이 답안을 작성하는 동안 각자의 책상 위에 선물을 올려놓았다. A 교실 학생들에게는 고급 펜, B 교실 학생들에게는 스위스 초콜릿을 주고, 만약 원한다면 다른 선물로 교환할 수 있다고 설명했다.

실험 결과, 교환을 희망한 학생은 전체의 10% 정도에 불과했다. 대부분은 고급 펜이냐 스위스 초콜릿이냐에 상관없이 일단 자신이 받은 선물을 다시 내놓고 싶어 하지 않았다. 이것은 다시 말해 펜 또는 초콜릿을 가진 상태를 유지하고자 한 것이며, 펜 또는 초콜릿을 잃는 사태를 피하고자 한 것이라고 할 수 있다. 펜과 초콜릿 중 자신이 정말로 갖고 싶은 것이 무엇인지 고민한 것이 아니라 무의식적으로 손실을 회피하는 판단을 내린 것이다.

현상 유지 편향은 기업의 판매 전략에 활용되기도 한다. 판촉 행사에서 첫 회 이용을 무료로 제공한다든지 샘플 키트를 저렴하게 판매하는 경우가 여기에 해당한다. 현재 해당 상품을 사용하고 있지 않은 고객을 새로 끌어들이기 위해 싼 가격을 미끼로 내거는 것이다. 이런 종류의 판촉 행사는 해당 상품을 사용하지 않는 고객이나 경쟁사 상품을 사용하는 고객이 지금까지 유지해온 상황을 리셋하는 것이 목적이다. 판촉 행사를 통해 경험한 결과에 만족한 고객은 이후에도 해당 상품을 계속해서 사용할 가능성이 높다.

구독 서비스를 계속 이용하게 되는 또 다른 이유는 대금 지불 방식에서 찾을 수 있다. 통상적인 형태의 물건 구입과 구독 서비스는 대금 지불 방식이 다르다. 우리는 보통 물건을 구입할 때마다 대금을 지불한다. 대금을 지불하기 위해서는 현금을 건네거나, 신용카드를 긁고 비밀번호를 누르거나, 스마트폰으로 간편결제를 하는 등 무언가 행동을 취할 필요가 있다. 하지만 매월 정액을 지불하는 구독 서비스의 경우에는 신용카드 결제나 계좌 자동이체 등 지불 방식을 처음에 설정해두면 이후에는 아무것도 하지 않아도 자동으로 결제가 이루어진다.

이 과정에서 '심리적 회계'가 작동할 가능성이 있다. 심리적 회계란 돈과 관련된 의사 결정을 내릴 때 종합적이고 합리적으로 판단하지 않고 좁은 틀 안에 갇혀 판단하게 되는 심리적 편향을 가리킨다. 사람들은 똑같은 액수라도 돈의 출처나 용도에 따라 마음속으로 그 돈의 가치를 다르게 매긴다. 예를 들어 도박으로 번 돈과 열심히 일해서 번 돈은 사용할 때의 마음가짐이 다르기 마련이다. 힘들게 일해서 번 돈은 아껴 써야겠다는 생각이 들지만, 불로소득이나 도박 등으로 쉽게 번 돈은 쉽게 써버리는 경향이 있다. 행동경제학에서는 이것을 '하우스 머니 효과'라고 부른다. 여기서 '하우스'는 카지노, '하우스 머니'는 카지노에서 딴 돈을 의미한다.

리처드 탈러는 이 하우스 머니 효과를 실험을 통해 입증했다. 우선 실험 참가자 중 절반에게 다음과 같은 질문을 했다.

Q1. 당신이라면 어느 쪽을 선택하겠습니까?

A. 30달러를 받는다

B. 50%의 확률로 39달러를 받거나 50%의 확률로 21달러를 받는다

이 질문에 A라고 답한 사람은 57%, B라고 답한 사람은 43%로, 도박을 하지 않고 안정적으로 30달러를 얻는 쪽을 선택한 사람이 약간 더 많았다.

나머지 실험 참가자 절반에게는 다음과 같은 질문을 했다.

Q2. 지금 당신에게 30달러를 준다면 어느 쪽을 선택하겠습니까?

A. 30달러를 그대로 가지고 있는다

B. 50%의 확률로 9달러를 더 받거나 50%의 확률로 9달러를 잃는다

그 결과, 도박을 하지 않고 현재 상태를 유지하겠다는 사람(A)은 18%에 불과했다. 반대로 도박을 하겠다는 사람(B)은 82%에 달했다.

사실 Q1에서 A를 선택한 경우와 Q2에서 A를 선택한 경우, 그리고 Q1에서 B를 선택한 경우와 Q2에서 B를 선택한 경우에 얻을 수 있는 돈의 액수는 각각 동일하다. 결과적으로 손에 쥐는 금액은 같은데도 불구하고 Q1에서는 전체의 57%가 A를 선택한 반면, Q2에서 A를 선택한 사람은 18%로 크게 줄어들었다.

즉 Q2에서는 도박을 하겠다는 사람이 늘어났다는 말이다. 처음부터 힘들이지 않고 30달러를 얻은 Q2와 같은 상황에서는 많은 사람들이 흔쾌히 도박에 나선다. 하우스 머니 효과가 선택에 영향을 미친 것이다. 실패하더라도 예상되는 타격이 그리 크지 않다면 사람들은 위험 부담이 큰 대상에 기꺼이 투자하게 된다.

또 돈을 대하는 태도는 지불 수단이 현금인지 카드인지에 따라서도 달라진다. 메사추세츠 공과대학의 던컨 시메스터 교수와 드라젠 프레렉 교수는 실험을 통해 이 사실을 증명했다. 실험 참가자들은 농구 경기 입장권을 판매하는 경매에 참가했다. 참가자 중 절반은 지불 수단이 현금이었고,

나머지 절반은 신용카드였다.

실험 결과, 신용카드 그룹이 제시한 입찰 가격의 평균은 현금 그룹의 약 2배에 달하는 것으로 나타났다. 신용카드로 결제하는 경우에는 현금으로 결제할 때보다 더 많은 돈을 쓰게 되는데, 이는 실제로 현찰을 건네는 행위가 수반되지 않아서 돈이 빠져나간다는 실감이 잘 나지 않기 때문이다.

구독 서비스의 결제 방식은 앞서 말한 심리적 회계와 관련이 깊다. 구독 서비스의 결제는 신용카드 자동결제나 계좌 자동이체와 같이 돈이 빠져나간다는 사실을 체감하기 어려운 방식으로 이루어진다. 게다가 서비스를 이용할 때마다 결제하는 것이 아니라 돈이 월이나 연 단위로 빠져나가기 때문에 스스로가 돈을 내고 있다는 사실조차 잊어버리기 쉽다. 그 결과 공공요금 납부나 대출금 상환처럼 별다른 의문을 갖지 않고 계속해서 구독 서비스 요금을 지불하게 되는 것이다.

이처럼 행동경제학의 관점에서 살펴보면 구독 서비스 이용에 몇 가지 심리적 요소가 작용하고 있다는 사실을 알 수 있다. 물론 구독 서비스가 본인과 잘 맞고, 충분히 이용할 만한 가치가 있다고 느낀다면 아무 문제가 없다. 문제가 되는 것은 구독 서비스가 정말로 필요한지 잘 생각해보지도 않고 쓸데없이 돈만 내는 경우다.

구독 서비스를 이용할 때는 타성적 소비인지 아닌지를 정기적으로 체크할 필요가 있다. 또 지불 방식이 자동결제나 자동이체라면 자신이 돈을 내고 있다는 사실을 잊지 않도록 의식적으로 노력해야 한다. 그렇게 하지 않으면 밑

빠진 독처럼 돈이 줄줄 새어나갈 수 있기 때문이다. 돈은 스스로가 필요하다고 생각하는 곳에 필요한 만큼 사용해야 한다. 돈을 현명하게 사용하는 것은 개인의 만족 및 행복과 직결되는 문제다.

한편 기업도 구독 서비스를 황금알을 낳는 거위나 요술 방망이 같은 존재로 여겨서는 안 된다. 구독 서비스가 유행하면서 여러 업체에서 동일한 서비스를 제공하는 경우가 늘고 있기 때문이다. 고객 입장에서는 다른 업체로 갈아타더라도 전혀 손해 볼 것이 없으니 혜택이 더 많은 쪽을 선택하게 된다. 실제로 구독 서비스를 시작했다가 중단한 기업도 많다. 중장년층 남성을 대상으로 옷을 판매하던 한 의류 업체는 젊은 층을 끌어들이기 위해 구독 서비스를 시작했다. 하지만 실제로는 원래 옷을 구입하던 기존 고개들이 구독 서비스로 옮겨가면서 오히려 수익이 줄었고, 결국 얼마 지나지 않아 구독 서비스를 중단하게 되었다.

구독 서비스를 할부나 무제한 정액제라고 생각하는 기업은 실패할 수밖에 없다. 구독 서비스의 성공 여부는 사람들이 돈을 낼 만한 가치가 있다고 느끼는 상품이나 서비스를 지속적으로 제공할 수 있느냐에 달려 있다. 또 기업과 고객 간의 관계가 장기간에 걸쳐 유지되기 때문에 고객 만족도를 꾸준히 체크할 필요가 있다.

고객과 직접 마주할 기회가 거의 없는 디지털형 구독 서비스나 실물형 구독 서비스에서는 고객의 만족 여부를 어떻게 확인할 것인지가 중요해진다. 한편 체험형 구독 서비스는 고객이 정기적으로 점포를 방문하는 경우가 많으므로 방문 고객과의 커뮤니케이션을 통해 만족도를 끌어올리도록 노력해야 한다. 기본적인 서비스의 핵심은 옷이나 꽃 등 물건 자체가 가진 가치를 제공하는 데 있겠지만, 그 외에도 해당 서비스를 이용함으로써 삶이 더 풍요로워졌다고 느낄 수 있도록 만들어주는 것이 중요하다.

구독 서비스든 일반적인 판매든 안 좋은 상품이나 서비스는 팔리지 않는다. 따라서 기업은 정말로 가치 있는 상품과 서비스를 제공하기 위해 노력해야 한다.

반대로 고객은 상품이나 서비스의 가치를 따져보는 동시에 생각 없이 돈을 낭비하고 있지는 않은지 자신의 선택과 행동을 점검해볼 필요가 있다. 이를 위해 현상 유지 편향이나 심리적 회계 등 행동경제학과 관련된 지식이 많은 도움이 될 것이다.

이러한 과정을 통해 궁극적으로는 기업과 고객이 모두 만족할 수 있는 관계를 구축하고 유지하는 것이 가장 바람직하다.

1000개가 넘는 선택지를 준비한
햄버거 매장의 캠페인은
왜 실패했을까?

2015년 맥도날드는 일본 전역에서 〈심플한 가격에 다양한 세트 메뉴를! 1000개가 넘는 선택지가 존재하는 'NEW 밸류 세트'〉라는 캠페인을 전개했다. 매장을 방문한 고객은 메인 11종류, 사이드 5종류, 음료 20종류 중에서 자신이 좋아하는 메뉴를 자유롭게 골라 세트를 구성할 수 있고, 최종적으로 선택 가능한 조합의 수는 1000개가 넘었다. 폭넓은 선택지를 제공한다는 것이 이 캠페인의 가장 큰 특징이었는데, 아쉽게도 얼마 지나지 않아 종료되었다. 이 캠페인이 실패한 이유는 다양한 선택지가 주어졌을 때 사람들이 어떻게 반응하는지 기업이 제대로 이해하지 못했기 때문이다.

행동경제학에는 '결정 마비'라는 법칙이 존재한다. 한 번에 너무 많은 선택지가 주어지면 결정을 연기하거나 포기하게 된다는 것이다.

쉬나 아이엔가 컬럼비아대학 교수는 잼 실험을 통해 이 사실을 증명했다. 실험에서는 마트에 잼 판매대를 설치하고 마트 방문객들에게 시식 및 구매를 권했다. A 시간대에는 시식용 잼 6종류를 준비했고, B 시간대에는 24종류를 준비했다. 그리고 잼을 시식한 사람에게는 할인 쿠폰을 제공해 실제로 잼을 구매하는지 여부를 확인했다.

실험 결과, 24종류의 잼을 준비했을 때 시식한 사람은 방문객의 약 60%였고, 6종류일 때는 약 40%였다. 잼의 종류가 다양할 때 시식률이 더 높게 나타난 것이다. 그러나 시식 후 구매 과정에서는 결과가 반대로 나타났다. 24종류의 잼을 시식한 사람 중 약 3%가 실제로 잼을 구매한 반면, 6종류의 잼을 시식한 후 구매한 사람은 30%에 달했다. 정리하면 다음과 같다.

- 24종류의 잼: 시식률 60% × 구매율 3% = 최종 구매율 1.8%
- 6종류의 잼: 시식률 40% × 구매율 30% = 최종 구매율 12%

즉 최종 구매자 수는 선택지가 더 적은 6종류일 때가 24종류일 때보다 약 6배 더 많았다.

아이엔가 교수는 사람들이 다양한 선택지에 끌리기는 하지만 실제로 선택을 하는 것은 선택지가 더 적을 때라고 설명한다. 그리고 잼 외에 초콜릿, TV 채널, 만남 사이트, 투자 결정, 치료 방법 등 선택지의 수와 관련된 다양한 연구

1000개가 넘는 선택지를 준비한 햄버거 매장의 캠페인은 왜 실패했을까?

를 진행한 결과, 다음과 같은 3가지 결론을 얻었다.

1. 선택지가 많아질수록 사람들은 선택을 피하고 연기하는 경향을 보인다
2. 선택지가 많아질수록 사람들은 잘못된 선택을 하기 쉽다
3. 선택지가 많아질수록 자신의 선택에 대한 만족도는 낮아진다

여기서 알 수 있듯이 판매량을 늘리기 위해 더 많은 선택지를 준비하더라도 그것이 실제 구입으로 이어질지는 미지수다.

앞서 소개한 맥도날드의 캠페인에서는 선택지가 무려 1000개에 달했으니 누가 봐도 선택지가 지나치게 많은 상태이다. 이렇게 많은 선택지를 준비하려면 상품을 개발하는 과정도 쉽지 않았을 것이고, 매장에서 판매하는 직원들도 고생이 많았을 것이다. 전국 규모의 캠페인이었으니 투입한 광고 및 판촉 비용도 어마어마했을 것으로 추정된다. 그럼에도 불구하고 정작 소비자들은 결정 마비로 인해 햄버거 세트 구입을 뒤로 미룬 것이다.

그렇다면 몇 가지 선택지를 제시하는 것이 가장 효과적일까? 이 문제에 대해서는 지금까지 수많은 연구가 이루어졌다. 인지심리학자 조지 밀러는 1956년 발표한 논문에서 인간이 순간적으로 기억할 수 있는 정보의 개수는 일반적으로 5~9 사이, 즉 7±2 범위 내에서 움직인다고 설명하면서 7을 매직 넘버라고 불렀다. 그리고 2001년 넬슨 코완 미주리대학 교수가 매직 넘버는 4라는 새로운 주장을 내놓았다. 4±1, 즉 3~5가 최적의 선택지라는 말이다. 현재는 이것이

가장 유력한 설로 받아들여지고 있으며, 관련 연구가 계속해서 진행 중이다.

한편 조너선 레바브 스탠퍼드대학 부교수는 선택지가 많으면 안 좋고, 선택지가 적으면 좋다는 주장에 반대한다. 레바브 교수는 이를 증명하기 위해 독일의 3개 도시에서 신차 판매점 고객 750명을 대상으로 실험을 진행했다. 실험에서는 새 차를 구입할 때 결정해야 할 옵션에 대해 서로 다른 2가지 방법으로 질문을 한 다음 응답자가 결정을 내리는 과정을 살펴보았다. 제시된 옵션은 다음과 같다.

- 내장색 56가지
- 외장색 26가지
- 엔진과 기어박스의 조합 25가지
- 휠 림과 타이어의 조합 13가지
- 핸들 10가지
- 백미러 6가지
- 내장 스타일 4가지
- 변속기 손잡이 4가지

실험에서는 750명을 A 그룹과 B 그룹으로 나누어 각각 다음과 같은 순서로 질문했다.

- A 그룹 (내림차순): 내장색 56가지부터 시작해 56가지, 26가지, 25가지 … 4가지 순으로 진행
- B 그룹 (오름차순): 변속기 손잡이 4가지부터 시작해 4가지, 4가지, 6가지 … 56가지 순으로 진행

1000개가 넘는 선택지를 준비한 햄버거 매장의 캠페인은 왜 실패했을까?

실험 결과, 56가지 내장색부터 정하기 시작한 A 그룹은 외장색 26가지, 엔진과 기어박스 조합 25가지 순으로 진행됨에 따라 점차 스스로 선택하기를 포기하고 처음에 설정된 기본값 그대로 가는 경향을 보였다. 반대로 4가지 변속기 손잡이부터 정하기 시작한 B 그룹은 A 그룹보다 더 많은 항목을 직접 검토하고 선택했다.

또 반복되는 선택에 지쳐서 나중에는 상대방이 권하는 비싼 옵션을 그대로 받아들이는 사람이 많다는 사실도 확인할 수 있었다. 어떤 옵션을 선택하느냐에 따라 최종적으로 가장 싸게 구입한 사람과 가장 비싸게 구입한 사람이 지불하는 금액의 차이는 1500유로(약 200만 원)에 달했다. 이 실험을 통해 레바브 부교수는 결정이 거듭되면 뇌가 지쳐서 결정의 질이 떨어진다는 사실을 증명했다. 이러한 현상을 '결정 피로'라고 한다.

이 실험에서 우리가 알 수 있는 사실은, 결정 마비란 보편적으로 나타나는 현상이지만 그 외에도 피로도 등 다양한 요소가 결과에 영향을 미친다는 것이다. 예를 들어 햄버거에 대해 잘 아는 요식업계의 프로라면 1000개의 선택지 중 자신에게 가장 잘 맞는 1개를 쉽게 골라냈을지도 모른다. 실제로 레바브의 실험에 참가한 사람들 중 자동차 전문가는 결정 피로를 느끼는 일 없이 마지막까지 순조롭게 선택을 마쳤다.

덧붙여 설명하자면 상품 판매 시 선택지 구성에 따른 영향은 상품별로 다르게 나타난다. 세제나 휴지 같은 소모품을 살 때 시간을 들여 고민하는 사람은 거의 없기 때문에 이런 제품은 선택지가 많을 필요가 없다. 반대로 자동차나 고가의 장신구, 취미용 악기와 같이 여러 매장에서 가격과 품질을 비교 검토한 뒤 구입하는 물건은 선택지가 많을수록 좋다.

지금까지 선택지 수에 따른 영향에 대해 살펴보았다. 다음으로 선택지와 선택 결과 얻을 수 있는 만족에 대해 생각해 보자.

우리가 살고 있는 세상은 디지털 네트워크 사회다. 관심을 가지고 알아보기만 하면 상품의 선택지는 얼마든지 늘어날 수 있다. 이것은 편리한 동시에 만족을 저해하는 요소로 작용하기도 한다.

우리는 물건을 구입할 때 인터넷을 통해 다양한 상품 정보를 얻을 수 있다. 물건을 판매하는 쇼핑몰 사이트는 무수히 많으며, 같은 상품이라 하더라도 가격은 제각각이다. 배송비가 무료인 곳이 있는가 하면 별도로 배송비를 부담해야 하는 곳도 있고, 구매 금액에 따라 배송비가 달라지기도 하기 때문에 최종 지불 가격을 비교하기란 쉽지 않다.

또 쇼핑몰마다 타임 세일이나 할인 행사를 진행하기 때문에 구입 시기에 따라서도 가격이 달라진다. 가까운 매장에 직접 가서 사는 편이 나중에 문제가 생겼을 때 AS를 받기 편하다는 점도 고려해야 한다. 어느 정도 마음을 정했는데 조만간 신제품이 나온다는 뉴스를 보고 구입을 미루게 될 수도 있다.

정보가 늘어난다고 해서 반드시 더 좋은 선택을 하게 되는 것은 아니다. 정보에는 한계가 없다. 그 정보에 기반한 선택이 최선인지 아닌지 확인하는 것도 사실상 불가능하다. 결국은 자신이 모은 정보를 바탕으로 눈 딱 감고 결정하는 수밖에 없는셈인데 그러다 보니 구입 후에 '더 싸게 살 수 있지 않았을까?'라는 생각이 들기도 한다. 마지막까지 본인의 선택에 만족하지 못하는 것이다.

미국의 심리학자 배리 슈워츠는 무수히 많은 선택지 중 가장 좋은 것을 고르려고 하면 할수록 후회와 불만이 더 커진다고 설명한다. 즉 합리적인 의사 결정을 추구하는 사람은 행복하지 않을 가능성이 높다는 말이다. 무언가를 구입할 때마다 '만약 다른 것을 샀더라면 결과가 달라지지 않았을까?'라고 생각하기 때문이다. 이런 사람들은 자신이 구입한 제품에 어느 정도 만족하더라도 '다른 것을 골랐다면 이보다 더 좋은 결과를 얻을 수 있지 않았을까?'라는 생각을 버리지 못한다.

어쩌면 몇 군데밖에 없는 점포를 직접 찾아가 거기 놓인 상품 중에서 물건을 고르던 디지털화 이전 시대가 쇼핑의 만족도는 더 높았을지도 모른다. 자신이 갖지 못한 정보에 대해서는 아예 고려할 필요도 없고, 거기에 휘둘릴 일도 없기 때문이다.

그렇다고 해서 시간을 과거로 되돌릴 수는 없다. 정확성을 끌어올린 인공 지능의 추천 기능과 같은 정보 이용 기술은 앞으로도 계속해서 발전할 것이다. 미래에는 어떤 새로운 기술이 등장하게 될지 모른다. 그러므로 일단은 본인이 정보 수집에 할애할 수 있는 시간과 노력을 감안해 그 안에서 가장 만족스러운 소비를 하는 것이 중요하다. 만족스러운 소비를 하기 위해서는 선택의 결과보다 선택의 과정에 주목해야 한다.

또 물건을 구입할 때 합리적인 선택을 하기란 불가능에 가깝다는 사실을 받아들일 필요가 있다. 인간의 불합리성에 관한 행동경제학 지식은 만족스러운 소비 생활을 영위하는 데 많은 도움이 될 것이다.

왜 편의점은 미용실이나
치과보다 더 많게 느껴질까?

2019년 8월 기준 일본의 편의점 수는 5만 5782개다(주 1-6). 한편 2019년 1월 말 기준 치과 수는 6만 8477개이며(주 1-7), 2017년 말 기준 미용실 수는 24만 7578개다(주 1-8). 보통은 편의점이 제일 많다고 느끼지만 실제로는 치과보다도 적고 미용실에 비하면 1/4 이하인 셈이다.

이렇듯 인식과 실제의 차이가 발생하는 이유는 바로 행동 경제학에서 말하는 '가용성 휴리스틱' 때문이다. 휴리스틱이 란 의사 결정 과정을 단순화한 지침으로, 완벽한 결정을 내리는 것이 아니라 현재 이용 가능한 정보를 바탕으로 빠르게 판단하는 것을 목적으로 한다.

휴리스틱에는 몇 가지 유형이 있는데 그중 하나가 바로 가용성 휴리스틱이다. 이것은 생각해내기 쉬운 기억을 우선시하는 사고 프로세스로, 대상의 발생 빈도나 발생 확률을 판단할 때 실제 사실에 근거하기보다는 그것과 관련된 기억이나 연상이 얼마나 쉽게 떠오르는지에 따라 판단하는 경향을 말한다. 일종의 선입견 또는 편견이라고 할 수 있다.

예를 들어 비행기 사고가 일어난 직후에는 비행기 대신 기차를 이용하는 사람이 늘어난다. 사고 관련 기억이 선명하게 남아 있는 동안은 사고 발생 확률이 실제보다 더 높다고 느끼기 때문이다. 지진 발생 후에 지진 보험 가입자가 늘어나는 것 역시 가용성 휴리스틱의 영향이라고 볼 수 있다.

이때 우리의 판단에 가장 큰 영향을 미치는 요소는 사건의 규모나 성격 같은 내용적인 부분이 아니라 '관련 기억이 얼마나 강하게 각인되어 쉽게 기억해낼 수 있는가' 하는 점이다.

노버트 슈워츠 미시간대학 교수는 가용성 휴리스틱에 관한 다음과 같은 실험을 진행했다. 참가자들에게 과거 적극적으로 자기주장을 내세운 사례를 떠올리게 하는 실험이었다. 실험에서는 A 그룹에 6개, B 그룹에 12개의 사례를 들게 한 후, 각자 자신의 적극성에 점수를 매기도록 했다. 보통 처음 3~4개는 쉽게 생각이 나지만 그 이상은 기억해내기가 쉽지 않다. 이 실험에서도 마찬가지였다.

실험 결과, 고생해서 12개의 사례를 기억해낸 B 그룹은 A 그룹에 비해 자신의 적극성을 낮게 평가했다. 만약 실제로 머릿속에 떠오른 사례의 내용에 기반해 평가가 이루어지는 것이라면 사례를 더 많이 기억해낸 B 그룹이 더 적극적이라고 느껴야 마땅하다. 그러나 결과는 반대로 나타났다. 사례 12개를 기억해내는 과정이 쉽지 않았기 때문이다. 즉 B 그룹은 적극적으로 자기주장을 내세운 사례를 쉽게 기억해내지 못한 것은 자신이 적극적이지 않기 때문이라고 해석한 것이다. 이 실험을 통해 판단에는 기억의 내용보다 쉽게 기억해낼 수 있는지 여부가 더 중요하게 작용한다는 사실을 알 수 있다.

비슷한 맥락에서 진행된 또 다른 실험에서는 참가자들에게 자기주장을 내세우지 않은 사례 12개를 적어내라고 했다. 실험에 참가한 사람들은 대부분 스스로에 대해 자기주장이 매우 강하다고 평가했다. 자기주장을 내세우지 않은 사례를 쉽게 떠올리지 못한 것은 자기주장이 강하기 때문이라고 해석한 것이다.

서두에 제시한 사례에서 편의점이 치과나 미용실보다 많다고 느끼는 것은 일상생활에서 편의점을 이용하는 빈도가 높아 상대적으로 기억해내기 쉽기 때문이다. 보통 편의점은 거의 매일 가는 반면 미용실은 1달에 1번 정도, 치과는 1년에 2~3번 정도밖에 가지 않는다. 이용 빈도가 높은 곳일수록 기억에 선명하게 남아 더 많이 존재한다고 착각하게 되는 것이다. 가용성 휴리스틱에 쉽게 영향을 받는 사람은 자신이 본 것, 더 정확하게는 자신이 보았다고 생각하는 것이 전부라고 여기는 경향이 강하다.

카너먼은 저서 『생각에 관한 생각』에서 가용성 휴리스틱을 활용한 실험에 대해 언급하고 있다. 이 실험에서는 결혼한 부부를 대상으로 집 청소 및 정리정돈, 쓰레기 버리기, 사교 행사 등 항목별로 본인의 공헌도가 몇 퍼센트나 된다고 생각하는지 물었다. 대다수 가정에서 남편과 아내가 답한 비율의 합은 100%가 넘었다. 모두 자신이 한 일은 상대방이 한 일보다 더 잘 기억하기 때문에 자신의 역할을 높게 평가한 것이다.

이런 종류의 테스트에 답하다 보면 자신이 실제로 집안일을 얼마나 하고 있는지, 상대방이 얼마나 노력하고 있는지 깨닫게 된다. 이를 계기로 부부 사이에 대화가 늘어나고 상대방을 더 배려하게 되기도 한다. 이것은 가족이나 직장 동료에게도 적용해볼 수 있는 방법이다.

사람은 누구나 자신이 보고 듣고 경험한 것이 옳다고 믿는다. 가용성 휴리스틱이 작용한 결과다. 이러한 심리적 편향은 개인의 실수로 끝나지 않고 인간관계에도 영향을 미치는 만큼 사람의 마음이 어떻게 움직이는지 알아두면 인간관계에서 발생하는 문제를 줄일 수 있다.

1장 마무리

○ 게임에 빠져 그만두지 못할 때는 '만약 게임을 하고 있지 않았다면'이라고 가정해봄으로써 중독에서 벗어날 수 있다.

○ 구독 서비스처럼 정기적으로 자동결제가 이루어지는 시스템은 보통 만족도가 그다지 높지 않은 편이다. 기업 입장에서도 고객과의 접점이 줄어들어 고객 만족도를 높이기 어렵다는 단점이 있다.

○ 상대방에게 많은 선택지를 제공하는 것은 자기만족에 그치는 경우가 많기 때문에 주의해야 한다. 또 제공되는 정보가 지나치게 많으면 올바른 선택을 하기가 어렵다. 선택의 결과가 아니라 선택의 과정에서 만족을 얻는 것이 중요하다.

○ 인간이라면 불합리한 행동이나 판단을 하기 마련이다. 넛지는 이 사실을 부정하지 않고 적극적으로 받아들인다. 무언가를 억지로 강요하지 않고 자연스럽게 유도하는 넛지의 발상과 방식은 사회 여러 분야에서 활용되고 있다.

○ 불합리성은 인간다움의 표현이다. 이 사실을 인정하고 받아들이는 것이 중요하다. 인간의 마음속에 자리잡은 불합리성은 그것을 어떻게 받아들이느냐에 따라 행복의 원천이 되기도 한다.

쓸데없는 노력은 그만두자 :
행동경제학과 심층 심리

인간에게는 집중해서 처리해야 하는 작업,
달성해야 하는 목표, 지켜야 하는 매너 등이
존재한다. 하지만 이 모든 것을 완벽하게
해내기란 쉽지 않다. 인간의 마음이 지닌
특성을 잘 활용해서 보다 적은 노력으로 보다
큰 성과를 올리는 것이 중요하다.

2장에서는 자신과 타인을 효과적으로
컨트롤하기 위한 방법 및 주의점에 대해
설명한다.

머리가 좋아지는 약을
먹지 않고 공짜로 안전하게
집중력을 향상시키는 방법

일과 공부에 쫓기는 현대인에게 '집중력'은 주요 관심사 중 하나다. 집중하면 단기간에 효율적으로 작업을 마칠 수 있기 때문이다. 옛날에는 의지만 있으면 얼마든지 집중할 수 있다는 근성론이 대세였지만, 사실 집중력은 인간이 가진 유한한 자산이다. 영국의 심리학자 노먼 맥워스는 이 사실을 과학적으로 검증했다. 사람이 집중력을 유지할 수 있는 시간에는 한계가 있다는 사실을 실험을 통해 밝혀낸 것이다.

실험 참가자들에게는 2시간 동안 시계처럼 생긴 실험 장치를 쳐다보면서 초침이 1번에 2초만큼 이동하는 것을 발견하면 스위치를 누르도록 지시했다. 그 결과, 실험이 시작되고 30분이 경과한 시점부터 반응의 정확도가 급격히 떨어진다는 사실이 확인되었다. 즉 인간이 집중력을 유지할 수 있는 시간은 최대 30분이라는 말이다. 고도의 집중력을 필요로 하는 일은 통상적으로 15분이 한계라고 본다. 예를 들어 국제회의 석상에서의 동시통역은 3명이 1조가 되어 15분마다 교대하는 방식으로 이루어진다.

보통 지나치게 왕성한 호기심은 집중력을 유지하는 데 방해가 되며, 집중력을 향상시키기 위해서는 적당한 운동과 충분한 수면을 취하는 것이 중요하다고 한다. 하지만 100% 확실하게 집중력을 향상시키는 방법은 존재하지 않는다. 그러다 보니 뇌 기능 향상 효과가 있다고 광고하는 건강 보조제나 약물의 힘을 빌리고자 하는 사람도 적지 않다.

미국 등지에서는 벤처 기업에서 일하는 직장인 및 대학생을 중심으로 머리가 좋아지는 약을 복용하는 사람이 늘고 있다. 청소년의 약물 남용을 막기 위해 활동 중인 NPO가 2014년 조사한 바에 따르면 미국 대학생 5명 중 1명이 학습 효율 향상 및 졸음 방지를 위해 소위 머리가 좋아지는 약을 처방받아 복용하고 있는 것으로 나타났다(주 2-1).

단순한 건강 보조제라면 복용법만 제대로 지키면 문제 될 것이 없다. 문제는 더 강력한 처방약을 사용하는 경우다. 미국에서는 ADHD(주의력결핍 과다행동장애)나 수면장애 등의 치료에 사용되는 성분이 포함된 약을 인터넷상에서 구입할 수 있다. 물론 미국에서도 의사 처방 없이 처방약을 구입 및 복용하는 행위는 불법이지만 실제로 처벌되는 경우는 드물다. 이런 종류의 약을 일본으로 수입해 들여오거나 개인적으로 소지하는 행위 역시 모두 불법이지만, 운이 좋으면 적발되지 않고 세관을 무사히 통과하기도 한다. 안전성이 입증되지 않은 처방약을 함부로 복용하면 약물 의존증이 생기거나 우울증이나 환각 같은 부작용에 시달릴 수 있다. 집중력을 끌어올리는 것도 좋지만 그로 인해 건강을 해치게 된다면 본말전도라 하지 않을 수 없다.

이처럼 건강에도 나쁘고 법적으로도 문제가 있는 약물에 의존하지 않고도 집중력을 향상시킬 수 있다면 그보다 더 좋은 방법은 없을 것이다. 여기서 참고할 만한 행동경제학 법칙이 바로 '마감 효과'다.

일반적으로 사람은 정확한 마감 일자가 주어지면 그 기한에 맞추고자 노력하게 되고, 자연스럽게 작업에 집중하게 된다. 시간적으로 여유가 없는 상태가 집중력을 끌어올리는 요소로 작용하는 것이다. 보통은 1달 뒤가 마감인 경우보다 1시간 뒤가 마감인 경우에 더 높은 집중력을 발휘하게 된다. 마감 효과는 다른 말로 '집중 보너스'라고도 한다.

댄 애리얼리는 이 법칙을 증명하기 위한 실험을 진행했다. 우선 실험에 참가한 대학생들에게 3주 동안 10쪽짜리 리포트 3편을 교정하는 일을 맡기고 완료한 작업에 대해 편당 보수를 지불하기로 했다. 실험은 3개 그룹으로 나누어 진행되었다.

① 3주 후에 3편을 한번에 제출하는 '일괄 마감형'

② 매주 1편씩 제출하는 '매주 마감형'

③ 자신이 마감일을 설정해 제출하는 '자유방임형'

머리가 좋아지는 약을 먹지 않고 공짜로 안전하게 집중력을 향상시키는 방법

실험 결과, 매주 마감형은 가장 많은 시간(84분)을 들여 거의 모든 오류를 잡아냈다. 반면 일괄 마감형은 작업에 가장 짧은 시간(51분)을 할애했으며, 발견한 오류의 수도 가장 적었다. 자유방임형은 중간 정도였다.

이 실험을 통해 알 수 있는 사실은 마감일을 넉넉하게 설정하거나 작업자의 자유에 맡기기보다는 처음부터 마감을 짧게 잡는 편이 생산성 향상에 더 효과적이라는 것이다. 사람들은 마감이 얼마 남지 않은 상황에서 더 큰 집중력을 발휘하기 때문이다. 예를 들어 하나의 과제를 잘게 나누어 짧은 마감을 여러 개 설정하는 방식을 취하면 더 높은 효과를 기대할 수 있다.

마감은 집중력을 높이고 효율적인 작업을 가능하게 만들지만 이때 주의해야 할 점이 있다. 바로 심리학에서 말하는 '터널링'이다. 터널링이란, 무언가에 집중했을 때 마치 터널 안에 있는 것처럼 현재 집중하고 있는 대상 외에는 아무것도 눈에 들어오지 않는 상태를 가리킨다. 인간의 능력에는 한계가 있기 때문에 주변에 존재하는 모든 사물에 집중하는 것은 불가능하다. 오히려 지금 눈앞에 주어진 일에 전력을 다하기 위해 그 외의 것들은 차단해버리는 능력이 집중력이라고 할 수 있다.

그렇기 때문에 마감 효과와 터널링은 하나의 세트로 기억할 필요가 있다. 마감에 맞추기 위해 집중하고 있는 동안에는 시야가 좁아진다는 사실을 기억해두면 그 외의 일들을 소홀히 하지 않도록 주의할 수 있기 때문이다.

마감 효과와는 조금 다르지만 목표 설정에 관한 좋은 예가 하나 더 있다. 바로 일본 프로 야구 및 미국 메이저리그에서 활약한 스즈키 이치로 선수다. 이치로는 시즌 목표를 타율이 아닌 안타 수로 설정했고, 덕분에 시즌 내내 비교적 안정적인 컨디션을 유지하면서 자신을 동기 부여할 수 있었다.

그렇다면 타율과 안타 수는 무슨 차이가 있을까? 우선 타율이란 시즌 시작부터 시즌 종료까지의 통산 안타 수를 타수로 나눈 값이다. 타율의 특징은 값이 항상 오르락내리락한다는 점이다. 3할을 기록한 강한 타자라 할지라도 다음 시합에서 4타수 1안타를 기록한다면 타율은 내려간다. 평균 타율 3할을 유지하는 타자도 긴 시즌을 거치는 동안 2할 5푼까지 내려갈 때가 있는가 하면 반대로 3할 5푼까지 올라갈 때도 있는 것이다.

이때 변동 폭은 동일하게 5푼이라 하더라도 타율이 올랐을 때 느끼는 기쁨과 타율이 떨어졌을 때 느끼는 슬픔은 같지 않다. 손실 회피 때문이다. 변동 비율이 동일한 경우, 슬픔은 기쁨보다 2배 이상 크게 느껴진다. 따라서 평균 타율 3할을 유지한다 하더라도 시즌 중 타율이 오르락내리락하는 과정에서 기쁨과 그 이상의 슬픔이 끊임없이 교차하게 된다. 결과적으로 1년 동안 느끼는 슬픔은 1년 동안 느끼는 기쁨의 2배 이상이 될 수밖에 없다.

한편 안타 수는 안타를 칠 때마다 더해지는 값이다. 계속 늘어나기만 할 뿐 줄어드는 일은 없다. 원래 인간은 어떤 일이 연속해서 일어날 때, 시간이 경과함에 따라 만족도가 점점 더 커지는 상황을 선호한다. 행동경제학에서는 이것을 '상승 선호'라고 부른다. 이치로 선수는 의식적으로든 무의식적으로든 이러한 인간의 상승 선호 경향을 활용해 목표를 설정한 것이다. 그 결과, 미국 메이저리그에서 10년 연속 200안타라는 대기록을 달성했다.

이치로 같은 목표 설정은 자신에게는 해당되지 않는다고 생각하는 사람도 많겠지만 반드시 그렇지만은 않다.

예를 들어 투자도 마찬가지다. 투자의 목적은 자금을 늘리는 것이다. 투자금 운용 성과는 시장 상황에 따라 끊임없이 오르락내리락한다. 경우에 따라서는 현상 유지조차 어려울 때도 있다. 가령 10만 원을 투자했다고 치면 그 10만 원이 11만 원으로 올랐을 때 느끼는 기쁨보다 그 후에 다시 10만 원으로 떨어졌을 때 느끼는 슬픔이 2배 이상 더 크다. 손실 회피의 영향 때문이다. 올랐다가 떨어졌으니 결과적으로는 손해 본 것이 없음에도 불구하고 정신적으로는 데미지를 입는 것이다. 이런 상황이 반복되면 잘못된 타이밍에 매매 결정을 내리는 실수를 저지르기 쉽다. 심리적 영향으로 인해 소중한 자금을 날리게 되는 것이다.

이치로는 타율이 아닌 안타 수를 목표로 설정함으로서 손실 회피의 영향에서 벗어날 수 있었다. 투자에서는 어떨까? 투자 심리에서 마이너스 감정을 느끼는 것은 자신이 소유한 자금의 가치가 떨어졌을 때다. 그렇다면 이런 일이 발생할 가능성 자체를 최소화하는 것이 좋다.

구체적인 예로 투자 신탁 상품 등을 장기 운용하는 방치형 투자를 들 수 있다. 일부러 자산 상황을 자주 확인하지 않고, 어느 정도 등락세가 안정되었을 때 한 번에 확인하는 것이다. 확인 시점에 자산이 줄었다면 아쉽기는 하겠지만 그 상태에 이르기까지 자산이 오르락내리락하는 과정을 계속 지켜보는 것보다는 심리적 데미지가 훨씬 적을 것이다. 보통 초보자에게는 장기 분산 투자를 권하는 경우가 많은데 이 역시 일희일비하지 않고 긴 안목으로 결과를 지켜볼 수 있기 때문이다.

위 실험 및 사례에서 알 수 있듯이 마감 효과나 집중 보너스, 상승 선호 등을 실생활에 접목하면 집중력을 끌어올리는 데 도움이 된다. 이 방법은 회사에서 일할 때, 학교나 집에서 공부할 때 등 다양한 상황에서 활용할 수 있다. 손실 회피에 기반한 목표 설정 및 목표 관리와 함께 사용하면 더욱 효과적이다. 이를 통해 머리가 좋아지는 약 같은 약물에 의존하지 않고도 작업 효율을 끌어올리고 시간을 보다 효과적으로 사용하는 것이 가능해진다.

깨끗한 도시 싱가포르를 만든
벌금 제도가 한계에 다다른 이유

싱가포르의 벌금 제도는 엄격하기로 유명하다. 일본에서는 문제가 되지 않는 행동이 싱가포르에서는 문제가 되는 경우도 많다. 예를 들어 길에 쓰레기를 버리는 것은 일본에서는 위법 행위가 아니지만 싱가포르에서는 벌금형에 해당하는 경범죄다. 초범은 최고 1천 싱가포르 달러(약 90만 원), 재범은 최고 2천 싱가포르 달러(약 180만 원)의 벌금을 내야 하며, 추가적으로 공공시설 청소 등 사회봉사를 해야 하는 경우도 있다. 또 싱가포르 국내에서는 기본적으로 껌 수입 및 판매를 금지하고 있다. 입국 시 적발되면 1만 싱가포르 달러(약 900만 원)라는 거액의 벌금을 내야 한다.

이러한 벌금 제도 덕분에 싱가포르의 유명 관광지 및

시가지는 'fine city'라고 불린다. 여기서 말하는 fine은 '좋은, 쾌적한'이라는 뜻이지만 동시에 '벌금'이라는 의미도 갖고 있다.

싱가포르의 국토 면적은 약 720㎢로 도쿄와 비슷한 정도이고, 인구는 약 594만 명이다. 가치관이 다양한 다민족 다종교 국가이기 때문에 국가 질서를 유지하기 위해 엄격한 벌금 제도를 운용하게 되었다고 한다. 싱가포르의 민족 구성은 중국계 74%, 말레이시아계 14%, 인도계 9% 등이다. 공식 언어인 말레이어 외에 영어, 중국어, 말레이어, 타밀어 등 4개 언어를 공용어로 채택하고 있다. 종교도 불교, 이슬람교, 기독교, 도교, 힌두교 등이 공존한다(주 2-2).

그런데 최근 몇 년 새 싱가포르에서 쓰레기 무단 투기로 벌금을 내는 사람이 대폭 늘었다. 2014년에 한차례 벌금을 인상했음에도 불구하고 이듬해 적발 건수는 32%나 증가한 것으로 나타났다. 그중 70%는 싱가포르 국민이었으며, 이주 노동자 등 외국인은 그리 많지 않았다. 이에 싱가포르 정부는 법적 처벌 외에 유소년기 도덕 교육 강화 등 다양한 대응책을 모색 중이다.

굳이 싱가포르의 예를 들지 않더라도 인간의 사회적 행동을 개선하는 것이 쉽지 않다는 것은 잘 알려진 사실이다. 지금까지 수많은 행동경제학자가 이 난제를 풀기 위해 노력해 왔으며, 특히 사람을 움직이는 원동력, 즉 동기 부여 및 인센티브에 관한 연구는 현재도 활발히 진행 중이다.

동기 부여는 크게 '외적 동기 부여'와 '내적 동기 부여'로 나뉜다.

외적 동기 부여는 외부에서 주어지는 인센티브나 보수를 가리킨다. 예를 들어 일에 대한 대가로 받는 임금이나 급여가 이에 해당한다. 주위의 인정이나 존경 같은 사회적 평가도 많은 영향을 미친다. 이 외에도 사회적 성공, 상이나 표창, 좋은 성적 등은 모두 외적 동기 부여라고 할 수 있다.

내적 동기 부여는 개인의 목표 및 태도에서 비롯되는 것이다. 다시 말해 외부에서 주어지는 것이 아니라 자기 자신을 위해 자발적으로 행동할 때 나타나는 동기 부여다. 예를 들어 프로 직업인으로서의 자부심, 의무감이나 충성심, 어려운 문제를 풀었을 때 느끼는 성취감과 만족감, 도전하고자 하는 의지, 몸을 움직이는 즐거움 등이 내적 동기 부여에 해당한다.

외적 동기 부여와 내적 동기 부여가 항상 독립적으로 작용하는 것은 아니다. 예를 들어 '일에 대한 자부심'이라는 내적 동기 부여가 주어진 상태에서 '만족스러운 수준의 급여'라는 외적 동기 부여가 더해지기도 한다. 이러한 예는 일상에서 쉽게 찾아볼 수 있다.

때로는 외적 동기 부여와 내적 동기 부여의 상호 간섭이 문제가 되기도 한다. 금전적 보수와 같은 외적 동기 부여로 인해 내적 동기 부여가 저해되는 경우가 이에 해당하는데, 이것을 '구축(驅逐)'이라고 한다. 에드워드 데시 로체스터 대학 교수는 이러한 메커니즘을 실험을 통해 입증했다.

우선 실험에 참가한 대학생들을 A와 B 2개 그룹으로 나누어 퍼즐을 풀게 했다. 실험에서는 60분 정도 소요되는 퍼즐 과제를 총 3차례에 걸쳐 수행했으며, 1번 마칠 때마다 8분 간 쉬는 시간을 가졌다. 구체적인 실험 내용은 다음과 같다.

- 1차 과제: A 그룹과 B 그룹 모두 그냥 풀게 함
- 2차 과제: A 그룹에는 '주어진 시간 내에 완성한
  사람에게는 금전적 보상을 지급한다'고
  공지하고, B 그룹은 그냥 풀게 함
- 3차 과제: A 그룹에는 '예산이 부족해서 이번에는
  금전적 보상을 지급하지 못한다'고 공지
  하고, B 그룹은 그냥 풀게 함

쉬는 시간이 되면 실험자는 퇴실하고 방 안에는 피실험자인 학생들만 남았다. 쉬는 시간 동안 무엇을 할지는 피실험자의 자유에 맡겼다. 실험자는 피실험자들의 모습을 매직 미러 너머로 관찰하면서 쉬는 시간에도 계속해서 퍼즐을 푸는 사람이 있으면 시간을 재서 기록했다. 쉬는 시간에 자발적으로 퍼즐을 푼다는 것은 내적 동기 부여가 작용한 결과라고 볼 수 있다.

각각의 그룹이 쉬는 시간에 계속해서 퍼즐을 푼 시간은 다음과 같았다.

- A 그룹: 1차 과제 후 248.2초
  2차 과제 후 313.9초
  3차 과제 후 198.5초

- **B 그룹: 1차 과제 후 213.9초**
  - **2차 과제 후 205.7초**
  - **3차 과제 후 241.8초**

B 그룹은 3번 모두 큰 차이가 없는 반면, A 그룹은 금전적 보상이 주어지는 2차 과제 후 쉬는 시간에 퍼즐을 푼 시간이 1차 때보다 더 늘었다. 하지만 금전적 보상이 사라진 3차 과제 후에는 금전적 보상이 주어진 2차는 물론 보상이 주어지지 않았던 1차 때보다도 시간이 줄었다.

1차 과제 후 쉬는 시간에 퍼즐을 푼 것은 A 그룹과 B 그룹 모두 재미라는 내적 동기 부여에 따른 결과다. A 그룹의 경우, 2차 과제와 3차 과제에서는 금전적 보상의 유무가 퍼즐을 계속하는 시간에 영향을 미쳤다. A 그룹이 2차 과제 후 쉬는 시간에 퍼즐을 푼 시간은 1차 과제 때보다 늘어났는데, 여기에는 지적 재미보다 금전적 보상이라는 요인이 더 크게 작용했을 가능성이 높다. 3차 과제 후에는 오히려 퍼즐을 푸는 시간이 줄어들었다. 금전적 보상이라는 외적 동기 부여가 지적 재미라는 내적 동기 부여를 사라지게 만든 것이다. 이것이 바로 구축이다.

이 밖에도 유사한 실험들이 다수 진행되었다. 이들 실험을 통해 '소액의 금전적 보상 지급은 피실험자의 의욕을 떨어뜨리기 때문에 아무런 보상이 주어지지 않았을 때보다 성과가 더 낮아진다'는 사실이 증명되었다. 일반적으로 보상은 의욕을 고취시킨다고 알려져 있지만, 실제로는 보상으로 인해 의욕이 저하될 가능성도 있다는 말이다.

구축은 다양한 상황에서 발생하며, 일상생활에도 영향을 미친다. 경제학자 유리 그니지와 알도 루스티키니는 '어린이집 실험'을 통해 이 사실을 증명했다. 실험을 진행한 이스라엘의 어린이집에서는 보호자가 정해진 시간에 아이를 데리러 오지 않는 문제로 골머리를 앓고 있었다. 기다리는 아이들을 위해 하원 시간이 지난 후에도 보육 교사가 계속 남아 있어야 했고, 많은 비용과 시간이 소모되었다. 실험에서는 보호자가 지각한 경우 벌금을 내게 한 다음 결과를 관찰했다.

실험은 어린이집 10곳을 대상으로 20주에 걸쳐 진행되었다. 처음 4주 동안은 평소대로 지내면서 각각의 어린이집에서 하원 시간에 늦게 온 보호자가 몇 명인지 살펴보았다. 그런 다음 10곳 중 4곳은 그대로 두고, 나머지 6곳에서는 10분 이상 지각한 경우 벌금을 부과하는 벌금 제도를 도입했다가 16주 후에 폐지했다.

실험 결과, 벌금 제도를 도입한 어린이집에서는 지각하는 보호자가 이전보다 훨씬 늘었다는 사실이 확인되었다. 벌금 제도를 폐지한 후에도 그 수는 줄어들지 않았다. 아무 조치도 취하지 않았던 처음 4주보다 오히려 더 증가한 상태에서 멈춰버린 것이다.

이것은 보호자들이 벌금을 별도의 추가 비용이라는 의미로 받아들였기 때문이다. 보호자들은 벌금 제도 도입 전에는 정해진 하원 시간보다 늦으면 어린이집에 미안하다고 느꼈으며, 되도록 늦지 않게 노력해야겠다는 내적 동기 부여가 작동했다. 반면 벌금 제도 도입 후에는 벌금이 지각에 대한 면죄부로 받아들여졌다. 사실상 벌금이 아니라 보육 시간이 끝난 후에 아이를 맡기는 대가라고 본 것이다. 보호자들은 자신이 낸 벌금이 어린이집의 추가 수입이 될 것이라고 멋대로 해석했고, 그 결과 지금까지 지각에 대한 억지력으로 작용하던 죄책감을 더 이상 느끼지 않게 되었다. 다시 말해 벌금이라는 금전적인 외적 동기 부여가 어린이집에 협조적인 보호자가 되고자 하는 내적 동기 부여를 저해하는 요인으로 작용한 것이다.

인간을 동기 부여하는 것은 쉽지 않은 일이다. 앞에서 예로 든 어린이집 사례에서는 보호자의 마음속에서 외적 동기 부여와 내적 동기 부여가 충돌했고, 결국 돈이 양심을 몰아내는 결과를 낳았다. 이처럼 한번 사라진 도덕심은 좀처럼 되찾기 어렵다.

싱가포르의 벌금 제도 역시 외적 동기 부여에 해당한다. 처음에는 어느 정도 효과가 있었지만, 내적 동기 부여가 뒷받침되지 않았기 때문에 문제의 근본적인 해결에는 이르지 못했다.

세상에는 수많은 벌금 제도가 존재하지만, 벌금만으로는 문제를 해결할 수 없다. 외적 동기 부여로 결과를 어느 정도 컨트롤하는 것은 가능하지만, 자발적으로 더 나은 행동을 하도록 이끄는 것은 불가능하기 때문이다.

지금까지 살펴본 바를 통해 사람을 움직이기 위해서는 외적 동기 부여와 내적 동기 부여를 적절하게 조합해 사용할 필요가 있다는 사실을 알 수 있다. 외적 동기 부여와 내적 동기 부여의 조합이 제대로만 이루어진다면 높은 효과를 거둘 수 있을 것이다.

이러한 원리는 기업의 인사 제도나 직원 교육과 같은 업무상 동기 부여, 학교에서 이루어지는 학습상 동기 부여, 스포츠 분야에서의 동기 부여 등 다양한 분야에 적용 가능하며, 실제 적용 사례도 꾸준히 늘어나는 추세다.

장밋빛이 잿빛으로 변하는
메리지 블루

결혼은 인생에서 가장 중요한 결정 중 하나다. 사람들은 결혼을 통해 새로운 가정을 꾸리면서 정든 집을 떠나 파트너의 가족들과 새로운 인간관계를 맺게 된다. 결혼식을 올리는 경우에는 어느 정도 비용을 들일지, 손님은 누구를 초대할지 등 준비에 많은 시간과 노력을 쏟는다. 그 과정에서 결혼을 앞두고 행복해야 할 신랑 신부가 고민, 초조, 불안 등 부정적인 감정을 느끼거나 우울감에 빠지는 현상을 '메리지 블루'라고 한다.

일본의 결혼 정보지가 2010년 실시한 조사에 따르면 일본 여성의 76%, 일본 남성의 48%가 메리지 블루를 경험한 적이 있는 것으로 나타났다(주 2-3).

토머스 브래드버리 캘리포니아대학 교수는 2012년 메리지 블루와 이혼의 관계에 대해 조사한 결과를 발표했다. 조사에 응한 기혼자 464명 중 여성의 38%, 남성의 47%가 결혼 준비 기간 중 결혼을 망설였던 적이 있다고 답했다. 전체 응답자의 40% 이상이 메리지 블루 경험자라는 말이다(주2-4).

결혼을 결정한 순간에는 더없이 행복했을 텐데 결혼식이 가까워질수록 우울해진다는 것은 잘 이해가 되지 않을 수도 있다. 이처럼 시간이 경과함에 따라 어떤 일에 대한 판단이나 평가가 달라지는 심리적 편향을 행동경제학에서는 '해석 수준 이론'이라고 부른다. 해석 수준 이론은 야코브 트롭 뉴욕대 교수와 니라 리버만 텔아비브대학 교수가 제창한 개념이다.

사람들은 시간적으로 먼 대상에 대해서는 보다 추상적이고 본질적이며 특징적인 부분에 주목하고, 반대로 시간적으로 가까운 대상에 대해서는 보다 구체적이고 표면적이며 세세한 부분에 주목한다. 예를 들어 여행 계획을 세운다고 가정했을 때, 출발이 아직 멀었다면 여행지의 아름다운 풍광이나 맛있는 식사 등을 상상하며 즐거워하겠지만, 출발이 가까워질수록 현지 가이드와 만날 장소나 가지고 갈 짐의 양 등 세세한 부분을 챙기게 된다. 멀리서는 숲이 보이고, 가까이에서는 나무가 보이는 것과 비슷한 원리다.

메리지 블루의 경우, 보통 프러포즈부터 결혼까지 반년에서 1년 정도 걸린다는 점을 감안하면 결혼을 결정한 순간에는 아직 결혼에 대한 심리적 거리가 먼 상태라고 할 수 있다. 이 단계에서는 보통 막연한 결혼식 이미지를 떠올리며 이제 곧 결혼한다는 생각에 행복해한다. 결혼이 가까워질수록 심리적 거리는 조금씩 줄어드는데, 결혼식에 초대할 사람 명단과 자리 배치를 정하고 식사 메뉴부터 피로연 드레스 색상에 이르기까지 자잘하게 챙겨야 할 일이 많아지면서 스트레스도 점점 늘어난다. 그 결과 메리지 블루에 빠지게 되는 것이다.

해석 수준 이론에서는 시간을 포함한 '심리적 거리'가 중요하다고 본다. 대상 사물이나 사건에 대한 심리적 거리가 멀수록 추상적인 수준에서 사고하게 되고, 심리적 거리가 가까울수록 구체적인 수준에서 사고하게 된다.

여기서 말하는 심리적 거리에는 공간적 거리(예: 100m 거리에 있는 가게와 1km 거리에 있는 가게), 사회적 거리(예: 내가 바라보는 나와 내가 바라보는 타인), 경험(예: 실제로 만져본 제품과 온라인에서 검색한 제품), 가능성(예: 100% 확률로 갈 수 있는 여행과 50% 확률로 갈 수 있는 여행) 등이 포함된다.

그림 2-1은 해석 수준에 따라 대상을 파악하는 방식이 어떻게 달라지는지를 나타낸 표이다. 심리적 거리가 먼 쪽을 고차원 해석 수준, 심리적 거리가 가까운 쪽을 저차원 해석 수준이라고 한다.

트롭과 리버만은 해석 수준 이론을 검증하는 실험을 진행했다. 실험에 참가한 학생들에게는 2종류의 과제를 제시했다. 하나는 '사회심리학의 역사라는 지루한 주제이지만 모국어로 된 문헌을 사용하는 쉬운 과제', 다른 하나는 '로맨틱한 연애라는 재미있는 주제이지만 영어로 된 문헌을 사용하는 어려운 과제'였다. 과제 제출 시기는 1주 후와 9주 후로 정하고, 마감이 촉박한 경우와 마감까지 여유가 있는 경우에 각각 어떤 과제를 선택하는지 살펴보았다.

실험 결과, 가까운 미래에는 '재미는 없지만 쉬운 과제'를, 먼 미래에는 '어렵지만 재미있는 과제'를 선택하는 사람이 많은 것으로 나타났다. 시간적으로 먼 경우에는 고차원 과제를 선택하고, 시간적으로 가까운 경우에는 저차원 과제를 선택한 것이다.

고차원 해석 수준	저차원 해석 수준
본질적	부차적
추상적	구체적
상위	하위
Why	How
왜 하는가	어떻게 하는가
사용하는 이유	사용하는 방법
제품의 기능	제품 사용의 편리성
결과의 내용	결과의 실현 가능성
복권 당첨 금액	복권 당첨 확률

[그림 2-1] 고차원 해석 수준과 저차원 해석 수준의 예

트롭과 리버만이 해석 수준 이론을 입증하기 위해 진행한 실험이 하나 더 있다. 이 실험에서는 부엌에서 음악을 듣기 위해 시계 겸용 라디오를 구입하는 상황을 가정하고, 실험 참가자들에게 2가지 라디오 중 어느 것을 구입할지 물었다. 하나는 '라디오 음질은 좋지만 시간을 확인하기는 불편한

제품'이고, 다른 하나는 '시간을 확인하기는 편하지만 라디오 음질은 좋지 않은 제품'이다. 이 실험에서도 구입 시기를 달리 해서 각각의 경우에 어느 쪽을 선택하는지 살펴보았다.

실험 결과, 먼 미래에 구입할 예정인 경우에는 전자, 가까운 미래에 구입할 예정인 경우에는 후자를 고르는 사람이 많았다. 부엌에서 음악을 듣는 것이 목적이기 때문에 라디오의 음질은 본질적인 기능, 시간을 확인하는 것은 부차적인 기능에 해당한다. 시간이 많이 남아 있을 때는 본질적인 라디오 기능을, 시간이 별로 남지 않았을 때는 부차적인 시계 기능을 중시한 것이다.

한편 뉴욕대학 연구팀은 도박을 하는 시기와 목적에 관한 실험을 진행했다. 실험 결과, 사람들은 시간적으로 먼 경우에는 당첨 금액이 높은 도박을 선호하고, 시간적으로 가까운 경우에는 당첨 확률이 높은 도박을 선호하는 경향을 보였다. 도박에서 가장 이상적인 결과는 거액의 상금을 받는 것이지만 당장 눈앞의 이익을 생각하면 금액이 다소 적어지더라도 상금을 받을 가능성이 더 높은 쪽을 선택하게 되는 것이다. 여기서도 심리적 거리가 멀면 본질적인 상위 요소에 주목하고, 심리적 거리가 가까우면 부차적인 하위 요소에 주목한다는 사실을 확인할 수 있다.

해석 수준 이론에 따른 심리적 편향은 사람들로 하여금 일관된 판단을 하지 못하게 만들며, 결혼이라는 인생 최고의 이벤트에도 나쁜 영향을 미친다. 이때 자신이 이러한 심리적 편향 때문에 감정적으로 동요할 가능성이 있다는 사실을 미리 알아두면 도움이 된다. 마음이 흔들리는 것은 약해서가 아니라 무의식중에 심리적 편향의 영향을 받기 때문이라고 말이다.

이 점을 분명히 해두지 않으면 자기 자신을 믿지 못하거나 상대방을 원망하는 일이 생길 수도 있다. 그렇게 되지 않도록 사전에 올바른 지식을 갖추고 대비하는 것이 중요하다.

해석 수준 이론에 따른 심리적 편향에 휘둘리지 않기 위해서는 스스로 심리적 거리를 조정할 필요가 있다. 예를 들어 결혼까지 아직 1년 정도 남았다면 그 시간을 단축시키는 것은 불가능하다. 하지만 '만약 1달 뒤가 결혼식이라면'이라고 머릿속으로 상상하며 지금부터 할 수 있는 준비를 미리 해두는 것은 가능하다. 이렇게 하면 마음에 여유가 생겨 메리지 블루에 빠지는 사태를 피할 수 있다.

여행을 가는 경우라면 출발까지 아직 많이 남았더라도 미리 약속 장소나 짐을 체크해두는 것이 좋다. 심리적 거리를 의식적으로 단축시키는 것이다. 행동경제학 지식을 참고 삼아 스스로 심리적 거리를 조정하는 것만으로도 불필요한 감정 변화를 막을 수 있다.

여기서부터는 조금 시점을 바꾸어 해석 수준 이론과 비즈니스의 관계에 대해 살펴보도록 하자. 리더십 강의로 잘 알려진 사이먼 사이넥의 '골든서클 이론'이라는 것이 있다. 사이넥은 세계적으로 유명한 강연 플랫폼 테드에서 4000만이 넘는 조회수를 기록한 인기 컨설턴트다. 2009년 공개된 『스타트 위드 와이(Start with Why)』라는 제목의 강연 영상은 역대 최다 다운로드 수를 기록했다.

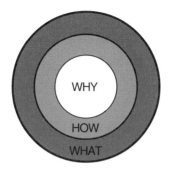

사이넥은 다른 사람을 움직이는 위대한 기업이나 인물은 골든서클이라는 단순한 패턴에 따라 행동한다고 말한다. 원 중앙에는 Why(왜 이 일을 하는가), 그 바깥에는 How(어떻게 이 일을 할 것인가), 제일 바깥에는 What(무엇을 할 것인가)이 위치한다. 성공한 조직은 무언가를 생각하고 행동하고 전달할 때 원 안쪽에서 바깥쪽으로, Why를 중심으로 움직인다.

예를 들어 애플이 상품을 소개하는 논리의 순서는 다음과 같다.

① Why: 우리는 우리가 하는 모든 일이 세상을 바꿀 것이라는 신념을 가지고 일하고 있습니다.
② How: 우리가 세상을 바꾸는 수단은 디자인이 아름답고, 사용하기 편하며, 사용자 친화적인 제품을 만드는 것입니다.
③ What: 그 결과 이렇게 훌륭한 컴퓨터가 만들어졌습니다. 1대 사시겠습니까?

이렇게 해서 애플은 수많은 팬을 얻게 되었다. 애플이 아닌 다른 기업에서 상품을 광고하는 방식은 순서가 정반대일 뿐만 아니라 Why가 불분명하다. 예를 들면 이런 식이다.

① What: 멋진 컴퓨터가 만들어졌습니다.
② How: 디자인도 아름답고, 사용하기도 편하고, 사용자 친화적인 제품입니다. 1대 사시겠습니까?

이런 진부한 방식으로는 사람들을 매혹할 수 없다. Why에 끌리고 공감한 고객은 '나는 왜 이 상품을 사는가'라는 행동의 이유를 확실히 자각하고 있기 때문에 자발적으로 움직이게 된다. Why를 제대로 설명하지 못하는 사람은 스스로도 Why를 제대로 이해하고 있지 못한 경우가 대부분이다. 무엇을 할 것인지(What), 어떻게 할 것인지(How)는 알고 있지만, 왜 하는지(Why)가 불명확한 상태에서 행동하고 있는 것이다.

30년 이상 마케팅 및 브랜딩 분야에 종사해온 내가 보기에도 이것은 분명한 사실이다. 실제로 상품의 구체적인 성능(What)만 강조해 다른 기업과의 차별화가 이루어지지 않는 경우가 많다. 반대로 Why, 즉 '왜, 무엇을 위해서 존재하고 움직이는가'라는 점을 브랜드 슬로건 등에 명쾌하게 담아냄으로써 강한 브랜드 파워를 갖게 된 회사도 있다.

대표적인 예로 타워 레코드의 선전 문구 'NO MUSIC, NO LIFE'를 들 수 있다. 음악이 없으면 살 수 없다, 그만큼 음악이 중요하다는 뜻이다. 이것을 보면 타워 레코드는 단순히 음악을 파는 회사가 아니라는 사실을 알 수 있다. 이 문구는 타워 레코드의 존재 이유를 설명하고 있다. 우리 회사는 음악이 정말로 중요하다고 생각하기 때문에 사람들에게 음악을 제공한다는 선언인 것이다. 결과적으로 이 정도로 음악을 중요하게 생각하는 타워 레코드는 다른 회사와는 다르다고 느끼게 만드는 효과도 있다. 타워 레코드의 슬로건은 Why를 제시함으로써 기업의 가치관을 분명히 드러내고, 제공하는 상품의 가치를 끌어올리는 동시에 타사와의 차별화를 이룬 성공적인 사례라고 할 수 있다.

이번에는 행동경제학의 관점에서 사이넥이 주장한 Why의 중요성에 대해 생각해보자. 해석 수준 이론에서 살펴본 바와 같이 사람은 심리적 거리가 먼 사물에 대해서는 고차원적인 요소에 주목하고, 심리적 거리가 가까운 사물에 대해서는 저차원적인 요소에 주목한다.

예를 들어 A 제품에 대해 잘 알지 못하고 구입한 적도 없는 고객이라면 A 제품에 대한 심리적 거리는 멀다. 그런 고객이 A 제품을 볼 때는 어떤 점에 주목할까? 아마도 해석 수준 이론에서 말하는 고차원적인 요소에 주목할 것이다. 즉 본질적이고 추상적이며 상위에 속하는 요소, 제품이 존재하는 이유나 제품을 사용해야 하는 이유 등 Why에 해당하는 요소에 주목하게 되는 것이다.

이 고객에게 저차원적인 요소, 즉 부차적이고 구체적이며 하위에 속하는 정보를 전달한다면 둘 사이에 간극이 생긴다. 왜냐하면 제품의 구체적인 성능(What)이나 사용법(How)은 A 제품에 대해 잘 알지 못하는, 즉 심리적 거리가 먼 고객이 주목하는 정보가 아니기 때문이다. 물론 성능이나 사용법을 전하는 것이 전혀 의미가 없지는 않겠지만 큰 효과를 기대하기는 어렵다. 요즘은 기술적으로 뛰어난 제품이 많기 때문에 성능이나 사용법 측면에서 다른 제품과의 차별화를 꾀하기는 어렵다. 당장은 가능하더라도 머지않아 따라잡힐 가능성이 높다. 다른 제품과 성능면에서 큰 차이가 없다면 아무리 광고를 하더라도 실제 구매로는 이어지지 않는다.

이처럼 What이나 How로 신규 고객의 마음을 움직여 고객이 자발적으로 구매하게 만드는 것은 쉽지 않다. 기업은 자사 제품에 대한 심리적 거리가 먼 고객에 대해서는 자사와의 심리적 거리를 좁히는 전략을 써야 한다.

그러기 위해서는 사이넥의 이론에 따라 우선 Why에 해당하는 정보(기업의 가치관 및 상품의 존재가치)를 전달한 다음 What이나 How에 해당하는 정보(상품의 성능이나 사용법)를 제공하는 것이 효과적이다. 고객이 기업의 Why에 공감하면 자연스럽게 구매로 이어질 가능성이 높아진다.

다만 사이넥이 말하는 'Why로 사람들을 움직인다'는 이론은 기업을 주어로 삼고 있기 때문에 고객의 입장을 충분히 고려하지 않은 일방적인 어필이 되기 쉽다. 현대의 마케팅은 고객 중심으로 옮겨가는 추세이기 때문에 고객 입장에서 생각하는 것이 중요하다. 기업이나 상품에 대한 고객의 심리적 거리를 좁히기 위해서는 고객을 주어로 했을 때의 동사를 명확하게 제시해야 한다는 말이다.

기업은 현재 고객이 느끼는 심리적 거리를 정확하게 파악한 다음 그 거리를 좁히기 위한 마케팅 및 커뮤니케이션 전략을 세울 필요가 있다. 심리적 거리를 기준으로 고객층을 나누어 각각에 적합한 판매 전략을 수립한다면 보다 큰 효과를 기대할 수 있을 것이다.

지금까지 메리지 블루와 기업의 마케팅 전략에 대해 살펴보았다. 여기서 알 수 있듯이 개개인의 판단은 시간이나 상황의 변화에 따라 함께 변하기 마련이다. 이 점을 염두에 두고 해석 수준 이론을 적절하게 활용한다면 인간관계에서 불필요한 마찰을 줄이는 것은 물론 비즈니스에서도 보다 효율적인 타깃 마케팅이 가능해질 것이다. 이처럼 행동경제학은 실용성과 범용성을 겸비한 멋진 학문인 것이다.

유튜버를 꿈꾸는
아이들의 논리

유튜버란 동영상 공유 사이트 유튜브에 동영상을 업로드해서 그 동영상에 붙는 광고를 통해 수익을 얻는 사람을 말한다. 유튜버가 되기 위한 자격시험 같은 것은 존재하지 않는다. 누구든지 구글 계정을 만들어 동영상을 업로드할 수 있다. 다만 광고 수익을 얻기 위해서는 구독자 수 등 일정 조건을 채운 다음 유튜브의 승인을 받아야 한다. 시청자가 동영상에 삽입된 광고를 보고 클릭하면 광고 수익이 발생하는 시스템이다. 유명해지면 기업과 제휴하거나 협찬을 받을 수도 있기 때문에 수입은 더 늘어난다.

이 유튜버라는 직업이 2018년 9월에 조사한 일본 초등학생 장래 희망 순위에서 3위를 기록했다. 참고로 1위는 파티

시에, 2위는 축구 선수였다(주 2-5). 2016년까지는 순위에 들지도 않았던 직업이 최근 급부상해서 매년 상위권을 유지하게 된 것이다. 유튜브에 익숙하지 않은 기성세대가 보기에는 상당히 놀라운 사건이었는지 당시 각종 매체에서 이 사실을 대대적으로 보도하기도 했다. 아이들이 유튜버가 되고 싶어 하는 것은 이상한 일일까?

유튜버의 인기에 대해 생각해보기 전에 우선 유튜버가 인기를 얻게 된 배경을 살펴볼 필요가 있다.

우선 유튜브라는 매체의 힘이 최근 몇 년 사이에 급격하게 커졌다.

디지털 사회가 되면서 인터넷을 통해 동영상 콘텐츠를 보기 위한 기기 및 환경은 빠르게 정비되었고, 이에 따라 시청 인구도 크게 늘어났다. 현재는 언제 어디서나 스마트폰으로 영상을 시청하는 사람들을 쉽게 볼 수 있으며, 특히 다양한 콘텐츠를 가볍게 즐길 수 있는 유튜브는 요즘 같은 사회에 최적화된 매체라고 할 수 있다.

유튜브의 시청자 수와 콘텐츠 수는 계속해서 증가하고 있다. 일본어판 유튜브가 서비스를 시작한 지 10년이 지난 2017년 현재 월간 로그인 시청자 수는 6200만 명이 넘고, 연간 동영상 업로드 수는 전년 대비 2배 가까이 늘었다. 참고로 전 세계 기준으로 보면 월간 로그인 시청자 수는 19억 명, 하루 평균 시청 시간은 10억 시간에 달한다(주 2-6).

영상의 내용은 힐링, 일탈, 개그 등 다양하다. 제작 및 편집에 많은 비용을 들이지 못하는 경우가 많기 때문에 참신한 기획이 더욱 중요해진다. 그 결과 유튜브에는 각종 심의나 규제에 묶인 TV보다 훨씬 더 흥미로운 채널이 많다.

다음으로 유튜버는 사람들이 시청할 동영상을 고를 때, 하나의 중요한 기준이 된다.

동영상 공유 사이트는 유튜브 외에도 다수 존재하며, 매일같이 수많은 영상이 업로드된다. 시청자는 방대한 양의 동영상 중에서 자신이 보고 싶은 것을 골라야 한다. 너무 많아서 선택하기 어려운 경우에는 동영상 소개 사이트나 다른 사람의 추천을 참고하게 되는데 추천 기준은 저마다 다르기 때문에 반드시 도움이 되는 것은 아니다. 이때 자신이 좋아하는 영상을 만든 유튜버의 채널이나 관련 영상 중에서 고르면 실패할 확률이 적다. 자신과 취미나 관심사가 비슷한 유튜버가 만드는 영상이라면 취향도 비슷할 것이기 때문이다.

또 유튜버는 시청자와의 거리가 가깝다.

유튜버는 전 세계 시청자를 대상으로 한 영상을 제작하고 그 영상에 출연하지만 어디까지나 평범한 한 개인에 지나지 않는다. 그래서 유튜버가 만든 영상에서는 생활감, 인간성, 노력 등 자기만의 개성이 묻어난다. 시청자는 영상을 보면서 유튜버에게 친근감을 느끼게 되고, 댓글란을 통해 소통하는 과정에서 유튜버에게 공감하게 된다. 그러다 보면 자연스럽게 응원하는 마음이 생기고 팬이 되는 것이다.

일반적으로 유튜버가 만든 영상의 경우, 작품으로서의 완성도는 낮은 편이다. 하지만 작품의 질과 상관없이 유튜버와 시청자 사이에는 튼튼한 유대감이 형성된다. 기업에서 제작한 기술적으로 뛰어난 영상이나 거액의 제작비를 들여 운영하는 공식 채널의 조회수가 수백~수천밖에 되지 않는 데 비해 일개 유튜버가 만든 단순한 영상이 조회수 수십만~ 수백만을 기록하는 것은 바로 이 때문이다.

유튜버가 인기를 모으게 된 것은 TV 시청 인구가 감소한 것과도 관계가 있다. 과거 가장 강력한 매체였던 TV가 힘을 잃고, 그 대신 유튜브와 같은 인터넷 동영상의 가치가 급부상한 것이다.

디지털 사회가 도래하기 전에는 TV가 최고의 오락이었다. 어느 집에서나 저녁이면 온 가족이 거실에 모여 앉아 TV를 보았다. 그러나 이제는 방마다 놓인 컴퓨터나 스마트폰으로 각자 보고 싶은 것을 본다. 광고업계에서는 소비자가 시청하는 이 3가지 기기의 화면을 통틀어서 '트리플 스크린'이라고 부른다. 마케팅 전략을 세울 때는 각각의 스크린에서 전달할 내용이나 타이밍을 제대로 계산하지 않으면 높은 광고 효과를 기대하기 어렵다.

매체가 많아져도 인간의 시간은 하루 24시간으로 정해져 있다. 이 시간을 트리플 스크린이나 기타 콘텐츠들이 서로 차지하려고 싸우고 있는 형국이다. 그 가운데 TV를 시청하는 시간은 서서히 줄고 있으며, 시청률도 떨어지고 있다. 광고 매체로서 TV가 가진 힘이 약해지면 TV 광고의 가치도 낮아진다. 광고주 입장에서는 TV 외에도 광고를 내보낼 수 있는 다른 선택지가 많기 때문에 TV 광고의 비중을 줄이게 된다. 결과적으로 방송국의 수입은 줄어들고, 프로그램 제작비도 삭감된다.

이처럼 방송국의 힘이 약해지면 방송국 입장에서는 스폰서인 광고주의 얼굴색을 살피게 된다. 방송 중 문제가 생겨 스폰서가 떨어져나가는 사태를 막기 위해 윗선이나 영업부가 나서서 자유로운 프로그램 제작을 제한한다. 물건을 부수거나 버리는 행위, 안전에 문제가 있는 장면 등 조금이라도 문제의 소지가 있어 보이는 내용은 모두 금지된다. 일단 항의나 지적이 들어오면 눈 깜짝할 사이에 인터넷상에서 퍼져나가기 때문에 처음부터 몸을 사리게 되는 것이다. 이런 환경 속에서 재미있는 프로그램이 만들어지기는 어렵다. 사람들이 TV가 재미없어졌다고 느끼는 것은 어찌 보면 당연한 일이다.

돌이켜보면 TV가 거대한 영향력을 행사하던 시절에 인기를 끌었던 프로그램 중에는 미풍양속에 반하는 내용을 담고 있는 것도 많았다. 그 부분이 재미있다고 느껴졌던 것이다. 게다가 당시에는 항의 수단이 제한되어 있다 보니 몇몇 시청자로부터 항의가 들어와도 크게 문제가 되는 일은 거의 없었다. 시간이 흐르면서 매체를 둘러싼 환경이 빠르게 변화하는 가운데 TV는 고전을 면치 못하고 있는 반면 유튜브는 착실하게 시청자를 늘려가고 있다.

이렇게 되면 어떤 일이 벌어질까?

방송국은 시청률을 높이기 위해서 TV를 자주 보는 시청자의 취향에 맞는 프로그램을 제작하게 된다. 요즘 시대에 TV를 주로 보는 사람은 어려서부터 TV를 보고 자란 50대 이상 중장년층이다. 이 나이대의 취향에 맞추다 보면 여행, 맛집,

건강 등을 주제로 한 프로그램이 많아지는데 10대나 20대는 선호하지 않는 주제인 경우가 많다. 그러다 보니 청년층은 점점 더 TV에서 멀어져 유튜브를 비롯한 인터넷 방송으로 옮겨가게 된다.

이런 가운데 아이들의 장래 희망으로 유튜버가 급부상하기 시작한 것이다. 아이들은 왜 유튜버가 되고 싶어 할까? 유튜버의 어떤 점에 매력을 느끼는 것일까? 이유는 여러 가지가 있겠지만 무엇보다 유튜버가 만드는 프로그램은 TV보다 훨씬 더 재미있고 기상천외한 것들이 많다는 점이 크게 작용했을 것이다. 성공한 유튜버는 높은 수익을 얻을 수 있고, 자신이 좋아하는 일을 한다는 장점도 있다.

이처럼 다양한 매력을 가진 직업이지만 아이들의 장래 희망 상위권에 유튜버가 포함되었다는 사실에 어른들 대다수는 떨떠름한 반응을 보인다. 아이와 어른 사이에 생각의 차이가 존재하는 것이다.

참고로 장래 희망 조사에서는 아이들을 대상으로 장래 어떤 직업을 갖고 싶은지 알아보는 동시에 보호자에게도 장차 아이가 어떤 직업을 갖기를 바라는지 물었다. 보호자가 선호하는 직업 1위는 전문 자격이나 고도의 기술을 필요로 하는 전문직, 2위는 교사나 공무원, 3위는 대기업 회사원으로, 대체로 안정적인 삶이 보장되는 직업을 선호하는 것으로 나타났다. 어른들이 선호하는 직업은 아이들이 꿈꾸는 직업과는 전혀 다르다는 사실을 알 수 있다.

하지만 아이들의 장래 희망 2위로 꼽힌 축구 선수에 대해서는 어른들도 그다지 이상하게 생각하지 않았고, 뉴스에서 보도되는 일도 없었다.

실제로 안정적인 삶을 살 수 있을지를 기준으로 생각해보면 사실 축구 선수도 유튜버와 별 차이가 없다. 즉 어른들이 유튜버라는 직업을 탐탁지 않아 하는 것은 반드시 직업적 안정성이 낮기 때문만은 아니라는 말이다.

가장 큰 이유는 아마도 유튜버라는 직업이 가진 리스크 때문이 아닌가 싶다. 리스크에 대한 인식의 차이가 부모 자식 간 견해 차이로 나타나는 것이다.

여기서 말하는 리스크는 행동경제학에서 중요하게 다루어지는 주제 중 하나다. 오리건대학의 폴 슬로빅 교수는 리스크를 과대평가하게 되는 이유를 다음과 같이 정리했다 (주 2-7).

- 신용   관련 기관을 믿지 못하면 리스크가 더 크게 느껴진다
- 친숙도   잘 알지 못하는 리스크는 더 크게 느껴진다
- 이해도   시스템을 제대로 이해하지 못하면 리스크가 더 크게 느껴진다
- 아이와의 관련성 아이와 관련된 리스크는 더 크게 느껴진다
- 출처   인공적으로 생겨난 리스크는 자연적으로 발생하는 리스크보다 더 크게 느껴진다
- 매체   매체에서 자주 다루어지면 리스크가 더 크게 느껴진다

- 희생자의 신원   희생자의 구체적인 신원을 알면 리스크가 더 크게 느껴진다
- 대참사 가능성   대규모의 희생자가 발생할 가능성이 있는 경우에는 리스크가 더 크게 느껴진다
- 사고의 역사   과거에 안 좋은 일이 발생한 적이 있으면 리스크가 더 크게 느껴진다
- 제어 가능성   피해가 스스로 제어할 수 있는 수준을 넘어선다고 판단되면 리스크가 더 크게 느껴진다
- 공평성   한쪽에는 이익이 존재하고, 다른 한쪽에는 리스크가 존재하는 경우에는 리스크가 더 크게 느껴진다
- 자발성   리스크에 관여하지 않기로 하면 리스크가 더 크게 느껴진다
- 이익   예상되는 이익이 명확하지 않으면 리스크가 더 크게 느껴진다
- 복원성   실패할 경우 원상복구가 불가능하다면 리스크가 더 크게 느껴진다
- 미래 세대   미래 세대에 악영향을 미칠 수 있는 경우에는 리스크가 더 크게 느껴진다
- 극도의 공포   결과가 공포심을 유발하는 경우에는 리스크가 더 크게 느껴진다
- 개인적인 리스크   자기 자신을 위험하게 만드는 것에 대해서는 리스크가 더 크게 느껴진다
- 타이밍   시간적으로 여유가 없는 경우에는 리스크가 더 크게 느껴진다

이 가운데 유튜버 문제에서 어른들이 리스크를 인지하는 것과 관련이 있는 항목은 다음과 같다.

- 신용 → 유튜브 및 유튜브의 모회사인 구글의 실정을 잘 알지 못하기 때문에 이들에 대한 신뢰도가 낮고, 그래서 리스크가 크게 느껴진다
- 친숙도 → 유튜버로 실패한 사례에 대해 정확히 알지 못하기 때문에 리스크가 크게 느껴진다
- 이해도 → 유튜버가 수익을 얻는 시스템을 이해하지 못하기 때문에 리스크가 크게 느껴진다
- 아이와의 관련성 → 아이의 장래 희망이기 때문에 리스크가 크게 느껴진다
- 출처 → 인공적인 시스템이기 때문에 리스크가 크게 느껴진다

이렇게 항목을 늘어놓고 보면 유튜버가 되겠다는 아이의 말에 부모 세대가 불안해하는 것도 이해가 간다. 축구 선수가 되겠다는 말에는 불안해하지 않는 것도 마찬가지다. 물론 축구 선수가 되는 것도 쉬운 일은 아니지만 대부분의 사람들은 축구팀을 믿고, 프로 축구 업계나 선수들에 대해 어느 정도 파악하고 있으며, 축구 선수가 어떤 식으로 어느 정도의 수입을 올리는지도 알고 있기 때문이다.

어른 세대에게 유튜버란 생소하기 그지없는 직업이다. 반면 디지털 네이티브인 아이들 입장에서는 친숙한 존재이기 때문에 리스크가 크게 느껴지지 않는다. 이러한 세대 차이는 당장은 해결되기 어려울 것이다.

유튜브가 일본에서 서비스를 시작한 것은 비교적 최근이기 때문에 현시점에서 유튜버라는 직업이 가진 리스크가 크게 느껴지는 것은 어쩔 수 없는 측면이 있다. 앞으로는 더 높은 수준의 인프라가 더 낮은 비용으로 제공될 것이고, 그에 따라 유튜브가 모두에게 친숙한 존재가 되면 유튜버도 일반적인 직업으로 받아들여지게 될 것이다.

지금까지 직업으로서의 유튜버에 대해 행동경제학의 관점에서 살펴보았다. 유튜버를 직업으로 삼는 것에 대한 세대 간 견해 차이는 결국 리스크에 대한 인식 차이에서 비롯된 것이라고 볼 수 있다.

사실 정말로 중요한 문제는 따로 있다. 우리는 아이들이 유튜버가 되고 싶어 한다고 걱정할 것이 아니라 왜 다른 직업에는 흥미를 보이지 않는지를 고민해야 한다. 아이들이 유튜버가 되고 싶어 한다는 것은 다시 말해 다른 수많은 직업이 아이들의 눈에는 매력적으로 비치지 않는다는 뜻이기 때문이다. 가까운 미래에 어른이 될 아이들에게 보다 많은 선택지를 제공하기 위해서는 유튜버 외에도 매력적인 직업이 많이 있다는 사실을 알려줄 필요가 있다.

왜 기업은 고학력자를
채용하려고 할까?

　일본의 취업 준비생들 사이에서 유행하는 말 중에 '학력 필터'라는 것이 있다. 취업 컨설턴트 후쿠시마 나오키의 저서 『학력 필터』가 화제를 모으면서 세간에도 많이 알려지게 되었다(주 2-8).

　학력 필터란, 기업에서 신입 사원을 채용할 때 지원자의 출신 대학을 기준으로 필터링해서 상위권 대학 출신은 합격시키고 하위권 대학 출신은 탈락시키는 것을 뜻한다. 공개적으로 밝히지는 않지만 사실 많은 기업에서 학력 필터링이 이루어지고 있으며, 인기가 많은 기업일수록 그런 경향이 강하다고 알려져 있다.

　그러다 보니 지원자 입장에서는 억울한 일이 벌어지기도

한다. 예를 들어 채용 설명회 참가 신청을 할 때 빈자리가 있더라도 상위권 대학 학생을 받기 위해 하위권 대학 학생에게는 자동적으로 만석으로 표시된다든지 하는 식이다. 실제로 일부 기업에서 이런 짓을 했다는 사실이 발각되어 크게 물의를 빚은 적이 있었다.

학력을 따지는 것이 구식이라고 생각하는 요즘 세대에게는 학력 필터가 이상하게 느껴질 수도 있다. 1990년대 초에는 신입 사원을 채용할 때 출신 대학을 따지지 않는 것이 유행이었다. 많은 기업이 시대를 앞서간다는 이미지를 어필하기 위해 학력 불문 방침을 내걸었다. 하지만 거품 경제가 붕괴하면서 이러한 풍조는 점차 사그라들었고, 2000년대 들어서는 다시금 출신 대학을 따지는 기업이 늘어나기 시작했다. 학력 필터, 타깃 대학이라는 말은 이미 2010년경부터 취업 준비생들 사이에서 공공연하게 회자되었다. 다음은 2011년 한 취업 사이트에서 주최한 취업 관련 시 공모전에 출품된 작품 중 하나다.

[언제 봐도 만석인 채용설명회 언제쯤 사라질까 학력 필터]

여기서도 알 수 있듯이 학력 필터가 존재한다는 것은 당시 취업 준비생들 사이에서는 공공연한 비밀이었다. 지금도 학력 필터는 채용 시장의 상식 중 하나로 여겨지고 있다. 개중에는 학력을 따지지 않고 지원자 개개인의 실력을 중시한다고 주장하는 기업도 있지만, 알고 보면 말과 행동이 다른 경우가 대부분이다.

학력 필터가 좋은지 나쁜지를 한마디로 잘라 말하기는

어렵다. 각자의 입장에 따라 이해가 갈리기 때문이다.

예를 들어 기업의 논리로 따지자면 학력 필터링을 하는 데에는 나름의 이유가 있다. 물론 하위권 대학 출신 중에도 재능과 의욕이 넘치는 학생이 있기는 하겠지만 상위권 대학 출신에 비해 그 수는 훨씬 적을 것이며, 그만큼 발견하기도 어려울 것이다. 즉 하위권 대학 출신 중에서 인재를 골라내기 위해서는 훨씬 더 많은 수의 학생들을 상대해야 한다는 말이다. 더 많은 지원자를 살펴보기 위해 채용 과정이나 채용 일정을 조정하는 등 지금까지 운영해온 채용 방식을 전체적으로 손봐야 할 수도 있다. 결과적으로 더 많은 시간과 노력이 투입될 것이고, 채용을 담당하는 직원의 인건비 부담도 커진다. 한 마디로 기업 입장에서는 매우 비효율적인 방법인 셈이다.

한편 사회 전체적으로 보면 학력 필터는 결코 바람직하지 않다. 상위권 대학 학생에게 절대적으로 유리하게 작용하는 불공평한 시스템이기 때문이다. 일부 국립대나 해외 대학 같은 최상위권 대학에 입학하려면 거액의 교육비를 들여야 한다. 그 정도 교육비를 부담할 수 있는 가정에서 자란 아이만이 최상위권 대학을 졸업해 좋은 회사에 들어가 높은 연봉을 받을 수 있는 것이다. 이러한 사이클이 이어지면 사회 격차는 계속해서 벌어지고, 그 상태가 고착화된다. 학력 필터가 사회적 계급과 격차를 만들어내는 시스템의 핵심 요소로 기능하는 것이다.

학력 필터로 직접적인 피해를 보는 사람은 하위권 대학 학생들이다. 상위권 대학 학생밖에 뽑을 생각이 없는 회사에 지원해서 이력서 작성 및 면접 준비에 쓸데없는 시간과 노력을 들이게 되고, 그만큼 다른 기업에 대한 준비가 소홀해질 수밖에 없기 때문이다. 그래서 출신 대학으로 필터링을 하면 한다고 사전에 명확하게 고지해달라는 의견도 있다. 실제로 어느 벤처 기업에서는 지원자의 출신 대학을 선별 기준으로 사용한다는 사실을 그 이유와 함께 밝혔고, 이는 학생들로부터 좋은 평가를 받았다. 겉으로는 아닌 척하면서 뒤에서 학력 필터를 사용하는 기업보다는 낫다고 본 것이다.

반대로 상위권 대학 학생들은 학력 필터의 수혜자라고 할 수 있다. 특정 학교 출신이라는 사실 자체가 하나의 무기로 작용하는 데다가 실질적인 경쟁률도 낮아지기 때문이다.

이처럼 학력 필터는 사회적인 문제다. 하지만 효율성을 추구하는 기업이 학력으로 필터링을 한다는 사실은 숨기려고만 하면 얼마든지 숨길 수 있다. 사전에 반드시 고지해야 할 의무가 있는 것도 아니고, 필터링 사실이 밝혀졌을 때 감수해야 할 리스크를 생각하면 기업 입장에서는 굳이 밝힐 이유가 없다. 기업의 의식이 바뀌지 않는 한 근본적인 문제 해결을 기대하기는 어려운 것이 현실이다.

행동경제학은 애초에 합리적이고 이기적인 인간상인 호모 이코노미쿠스를 부정하는 것에서부터 출발했기 때문에 효율성은 그렇게까지 중요한 요소가 아니라고 본다. 기업과 개인이 효율만을 추구하다 보면 불공평한 사회와 불행한 삶을 초래하게 되는데, 이러한 문제를 해결하는 데에도 행동경제학이 도움이 될 수 있다.

그렇다면 효율을 높이기 위해 학력 필터링을 실시하는 기업이 부담하게 되는 잠재적인 위험으로는 어떤 것이 있는지 생각해보자. 우선 '관례를 중시함으로써 발생하는 발상의 편중'을 들 수 있다. 기업의 인사 담당자는 최상위권 대학 출신이 기본적인 학습 능력 및 일에 대한 의욕이 높고, 입사 후에도 좋은 성과를 올릴 것이라고 기대한다. 최상위권 대학 출신이 임원직을 독차지하는 기업도 있다. 인재의 쏠림 현상이 발생하면 참신한 발상과 유연한 의사 결정이 불가능해진다. 이런 기업에서는 입사 지원자를 평가하는 방식이나 임원을 선출하는 기준 등이 사내에서 하나의 관례로 굳어져 있을 가능성이 높다. 행동경제학에 따르면 종래의 인식이나 행동이 정말로 좋은 것인지 고민하지 않고 관례에 의문을 갖지 않는 것은 '현상 유지 편향' 때문이다. 인간은 미지의 대상이나 경험한 적 없는 일은 좀처럼 받아들이려 하지 않고, 가능하다면 현재 상태 그대로를 유지하고 싶어 한다.

현상 유지 편향은 미국 보스턴대학의 윌리엄 새뮤얼슨과 하버드대학의 리처드 잭하우저가 제창한 개념이다. 이들은 캘리포니아의 한 전력회사가 전기를 공급하는 구역의 주민들을 대상으로 실험을 진행했다. 실험 당시 해당 지역에서는 다음 2가지 전력 요금제를 이용하고 있었다.

- A 요금제: B 요금제보다 안정성은 높지만 요금이 비쌈
- B 요금제: A 요금제보다 안정성은 낮지만 요금이 저렴함

실험에서는 주민들에게 안정성과 요금의 균형을 달리한 6가지 요금제를 제시하고 각자 원하는 요금제를 선택하도록

했다. 가장 비싼 요금제는 가장 안정성이 높고, 가장 저렴한 요금제는 가장 안정성이 떨어지며, 선택지 중에는 현재 이용 중인 2가지 요금제도 포함되어 있었다. 실험 결과는 다음과 같이 나타났다.

- A 요금제를 이용 중인 가입자: 60.2%가 A 요금제, 5.8%가 B 요금제를 선택
- B 요금제를 이용 중인 가입자: 5.7%가 A 요금제, 58.3%가 B 요금제를 선택

새로운 선택지가 제시되었음에도 불구하고 주민 대다수는 현재 이용 중인 요금제를 그대로 유지했다. 변화를 꺼리는 인간의 성향이 실험을 통해 증명된 것이다.

이것이 현상 유지 편향 때문이라는 사실을 스스로 자각하고 있는 경우는 거의 없다. 심리적 편향에 따른 판단은 충분한 고민 끝에 도출한 결론이 아니기 때문에 이성적인 판단이라고 보기 어려우며, 단지 변화에 대한 두려움 때문에 자기도 모르는 사이에 소극적인 선택을 하게 되었을 가능성이 높다.

기업의 인사 시스템 역시 이와 같은 심리적 편향의 영향을 받을 가능성이 있기 때문에 관례를 따르는 것은 위험하다. 특히 요즘처럼 빠르게 변화하는 사회에서는 기존의 채용 방식을 유지할 것인지 바꿀 것인지 신중하게 검토할 필요가 있다.

행동경제학은 사람들이 변화를 두려워하는 원인을 밝혀냄으로써 관성적으로 현재 상태를 유지하려고 하는 자세는

피해야 한다는 교훈을 남겼다.

학력 필터를 사용하는 기업이 고려해야 할 행동경제학 법칙이 하나 더 있다. 바로 '대표성 휴리스틱'이다.

대표성 휴리스틱은 일반적인 사례보다 특수한 사례가 실제로 발생할 가능성은 더 낮음에도 불구하고 발생 확률이 더 높다고 잘못 판단하게 되는 것을 말한다. 결론과 상관없는 정보라 할지라도 정보의 양이 많으면 인상에 강하게 남아 실제로 발생할 확률도 높다고 착각하게 되는 것이다.

대니얼 카너먼과 아모스 트버스키는 대표성 휴리스틱을 검증하기 위해 '린다 문제'라는 실험을 고안했다. 실험에서는 우선 가상의 인물 린다에 대해 다음과 같이 묘사했다.

'린다는 31세 독신 여성이며, 머리가 좋고 자기 생각을 뚜렷하게 밝히는 편이다. 철학을 전공했고, 대학 시절 인종 차별이나 사회 정의와 관련된 문제에 깊이 관여했으며, 반핵 시위에도 참가한 적이 있다.'

린다에 대한 설명을 듣고 현재 그녀가 무슨 일을 하고 있을지 추측하는 실험에서 피실험자들은 주어진 선택지 중 가장 가능성이 높다고 생각되는 직업부터 순서대로 번호를 매겼다. 제시된 선택지는 다음과 같다.

- 초등학교 교사
- 요가를 배우러 다니는 서점 직원

- 페미니스트
- 정신병원에서 일하는 사회 복지사
- 여성 유권자 모임의 회원
- 은행원
- 보험 판매원
- 페미니스트 은행원

가장 가능성이 높은 직업을 1, 가장 가능성이 낮은 직업을 8이라고 했을 때, 실험 결과는 다음과 같이 나타났다. 숫자가 클수록 가능성이 낮다는 것을 의미한다.

- 초등학교 교사: 5.2
- 요가를 배우러 다니는 서점 직원: 3.3
- 페미니스트: 2.1
- 정신병원에서 일하는 사회 복지사: 3.1
- 여성 유권자 모임의 회원: 5.4
- 은행원: 6.2
- 보험 판매원: 6.4
- 페미니스트 은행원: 4.1

가장 숫자가 작은 직업, 즉 피실험자들이 현재 린다가 하고 있을 가능성이 가장 높다고 본 직업은 페미니스트였다. 반대로 가장 가능성이 낮은 직업은 보험 판매원이었다. 여기서 주목해야 할 부분은 은행원과 페미니스트 은행원의 결과다. 은행원과 페미니스트 은행원을 단순 비교한다면 린다는 전자일 가능성이 더 높다. 왜냐하면 후자인 페미니스트 은행원은 전자인 은행원에 포함되는 개념이기 때문이다.

선택지 자체에 은행원이라는 단어가 중복해서 나오기 때문에 언뜻 보기에도 뭔가 석연치 않은 구석이 있다. 그럼에도 불구하고 응답자 중 85%는 린다가 페미니스트 은행원일 확률이 은행원일 확률보다 더 높다고 답했다.

이 실험을 통해 사람이 얼마나 쉽게 대표성 휴리스틱의 영향을 받는지 알 수 있다. 다시 말해 인간은 논리적 분석이나 사실에 의거해 판단하는 것이 아니라 자신이 생각하는 전형적인 이미지에 얼마나 부합하는지를 기준으로 판단하기 때문에 좀처럼 그 틀에서 벗어나지 못한다는 말이다. 여기서 말하는 전형적인 이미지에 부합하는 정도를 '대표성'이라고 한다.

학력 필터를 사용하는 기업도 대표성 휴리스틱의 영향을 받고 있다. '최상위권 대학 출신 = 우수한 인재로서 입사 후 활약이 기대됨', '하위권 대학 출신 = 실력이 떨어지고 입사 후 활약을 기대하기 어려움'이라는 공식은 논리적으로 증명된 사실이 아니라 어디까지나 전형적인 이미지에 불과하다. 많은 사람이 기존에 자신이 가지고 있던 이미지에서 벗어나지 못한 채 잘못된 판단을 내리고 있는 것이다.

빠르게 변화하는 사회 속에서 채용도 예외일 수는 없다. 변화하는 미래에 대응하기 위해서는 관례를 따르며 현상 유지에 힘쓸 것이 아니라 고정 관념에서 벗어나 새로운 인재상을 모색할 필요가 있다.

2장 마무리

○ 마감 설정과 프로세스 관리만 제대로 해도 집중력 향상 및 동기 부여에 도움이 된다.

○ 벌금이나 보상으로 사람을 움직이는 방법은 즉각적인 효과는 기대할 수 있지만 장기적인 효과를 기대하기는 어렵다. 또 벌금이나 보상이 자발적인 동기 부여를 저해할 가능성도 있다.

○ 어떤 대상을 대하는 자세는 자신과 대상 간의 시간적 공간적 거리에 따라 달라진다. 거리가 멀면 본질적인 부분을, 거리가 가까우면 표층적인 부분을 신경 쓰게 된다. 대상과의 거리를 의식적으로 컨트롤함으로써 일관성을 유지할 수 있다.

○ 세대가 다르고 자라난 환경이 다르면 리스크를 감지하는 기준도 달라진다. 이러한 차이를 이해하고 받아들이는 것이 중요하다.

○ 특징적인 부분만 가지고 타인을 판단하는 실수는 누구나 할 수 있다. 현상 유지 편향 때문에 올바른 판단을 하지 못하는 것이다. 특히 기업의 인사나 채용 등에서 사람을 평가할 때는 이 점을 주의해야 한다.

Chapter

03

그래도 돈과는 친하게 지내자 :
행동경제학과 돈

돈은 모두가 갖고 싶어 하는 대상이다. 돈과 관련된 문제에서는 이성적인 사고와 판단이 어려워지고, 불합리한 행동을 할 가능성이 높아진다. 여기서 가장 중요한 포인트는 서두르지 않는 것이다.

3장에서는 돈 때문에 발생하는 문제 및 이를 피하기 위해 주의해야 할 점에 대해 살펴본다.

30년 동안 갚아야 할 빚을 지면서
새 집을 구입하게 만드는
마인드 컨트롤

주택 담보 대출은 집을 구입할 때 금융 기관으로부터 받는 융자다. 많은 사람이 주택 담보 대출을 이용해서 집을 구입한다. 집은 수천만~수십억 원에 달하는 고가의 물건이 다 보니 상환 기간도 최대 35년까지 설정할 수 있다. 최근 일본의 초저금리 정책으로 대출 금리도 낮은 편이다.

일본의 주택 담보 대출은 19세기 말 실업가 고바야시 이치조가 만들었다고 알려져 있다. 당시 집을 가질 수 있는 사람은 일부 자산가뿐이었다. 그런 가운데 한큐전철의 전신 인 철도 회사가 처음으로 부지를 개발해 주택을 판매하기 시작하면서 일반 회사원도 자기 집을 가질 수 있게 된 것이다. 우선 계약금으로 20%를 지불한 다음 나머지 금액을 10년에 걸쳐 나누어 내면 소유권이 이전되는 방식으로, 이를 통해 당장 가진 돈이 없는 사람도 내 집을 가질 수 있게 되었다.

제2차 세계대전 후에는 정부가 나서서 주택 소유를 장려했고, 이러한 정부 지원에 힘입어 내 집 마련이 유행처럼 번지기 시작했다.

1973년 아사히신문에 실린 기사에는 당시의 주택 사정이 잘 드러나 있다. '신혼 때 작은 연립주택에서 시작해서 아이가 태어나면 조금 더 넓은 임대 아파트로 옮기고, 돈을 모아 새 아파트를 분양받은 다음 그 집을 팔아서 마당이 딸린 넓은 집을 산다'는 내용이다. 당시에는 종신 고용과 정기 승급이 일반적이었고, 생활 양식도 다들 엇비슷했다는 사실을 알 수 있다.

일본의 거품 경제가 붕괴하기 전까지는 주택 담보 대출을 받아 집을 사는 것이 이득이었다. 땅을 사면 높은 확률로 땅값이 올랐기 때문이다. 틀림없이 오르는 부동산 가격은 '토지 신화'라고 불렸으며, 모두가 내 집 마련을 꿈꾸었다. 정부는 이 분위기를 최대한 이용하고자 했다. 주택 구입을 장려함으로써 경기를 살리고자 한 것이다. 집을 살 때는 자동차나 가구 등 내구 소비재도 함께 바꾸고 싶어진다. 그리하여 많은 사람이 물건을 새로 사면 소비 시장 전체가 활성화된다.

이러한 경기 회복 정책은 실제로 큰 효과가 있었기 때문에 수차례 반복해서 실시되었다. '잃어버린 20년'이라고 불리는 장기 불황 때도 이 같은 흐름은 계속되었다. 정부는 주택금융공사의 금리를 낮추어 저소득층도 대규모 대출을 받을 수 있게 했을 뿐만 아니라 내 집 마련에 대한 세액 공제 규모도 확대했다.

여기서 나중까지 커다란 문제로 남게 되는 정책이 시행된다. 바로 1992년부터 주택금융공사(현 주택금융지원기구)가 판매한 '여유 대출(여유 상환)' 상품이다. 이 상품은 처음 5~10년에 해당하는 여유 기간 중에는 상환액을 낮게 설정하고, 대신 여유 기간이 끝난 후에 많은 금액을 상환하도록 설정했다. 6년 차, 11년 차에 상환액이 큰 폭으로 늘어나는 것이다.

주택을 구입하는 사람들은 처음 5년 동안 상환해야 하는 금액이 적기 때문에 앞으로도 충분히 상환할 수 있을 것이라고 착각해 안심하고 대출을 받았다. 대출을 해주는 주택금융공사가 믿을 수 있는 기관이기 때문에 의심하지 않고 돈을 빌린 것이다.

하지만 초기 상환액이 적다고 해서 상환 총액도 적다는 뜻은 아니다. 이것은 단지 상환을 뒤로 미루는 것에 불과하다. 게다가 당시는 지금처럼 금리가 낮지도 않았기 때문에 높은 금리로 장기간 돈을 빌려야 했고, 결과적으로 상환 총액은 점점 늘어났다. 일본 정부는 경기를 되살리기 위해 국민들에게 이러한 위험을 안고 있는 주택 담보 대출로 돈을 빌려 주택을 구입하도록 장려한 것이다.

여유 대출이 성립하기 위한 기본 조건은 종신 고용과 정기 승급이다. 그러나 1990년대 중반 이후에는 승진을 하

30년 동안 갚아야 할 빚을 지면서 새 집을 구입하게 만드는 마인드 컨트롤

더라도 월급은 오르지 않는 경우가 많아졌고, 오히려 정리 해고와 기업 도산이 잇따르면서 현재 수입을 유지하는 것조차 어려워졌다.

여유 대출 상품의 상환액은 일정 시기를 기점으로 대폭 상승한다. 예를 들어 처음 5년 동안 80만 원 정도였던 월 상환액이 6년 차부터는 120만 원, 11년 차부터는 170만 원이 되는 식이다. 이렇게 되면 상환을 하지 못하는 사람들이 생겨난다. 비슷한 시기에 저금리 대출 상품도 출시되었지만 디플레이션으로 인해 담보인 집의 가치가 떨어졌기 때문에 갈아타기는 불가능했다. 상환 기간 연장 등 구제 방안도 마련되었지만, 상환 기간이 길어질수록 상환 총액은 늘어나기 때문에 근본적인 해결책이라고 보기는 어려웠다.

대출이 연체되면 결국에는 집을 팔아야 한다. 그러나 여유 대출 상품의 경우, 초기 상환액은 거의 이자 상환에 해당하기 때문에 몇 년씩 상환을 했더라도 원금은 거의 줄어들지 않았을 가능성이 높다. 집을 팔더라도 대출은 그대로 남게 되는 것이다. 그러다 보니 자기 파산을 신청하는 사람들이 생겨났고, 이 문제가 수면 위로 떠오르면서 여유 대출 상품은 2000년부터 판매를 중단했다.

이와 같은 주택 담보 대출은 당장 눈앞에 보이는 상환액을 미끼로 삼아 사람들을 오해하게 만드는 상품이다. 정부가 제공하는 상품에 대한 국민의 신뢰를 이용했다고도 볼 수 있다. 내 집 마련을 꿈꾸는 사람들의 허술한 정보력과 판단력을 노린 것이다. 왜 사람들은 이처럼 많은 문제를 안고 있는 주택 담보 대출을 이용하게 된 것일까?

행동경제학의 관점에서 보았을 때 이것은 '해석 수준 이론'이라는 심리적 편향이 작용한 결과라고 볼 수 있다. 해석 수준 이론에 따르면 사람들은 심리적 거리가 먼 대상에 대해서는 보다 본질적이고 추상적이며 상위에 해당하는 요소에 주목하고, 심리적 거리가 가까운 대상에 대해서는 보다 부차적이고 구체적이며 하위에 해당하는 요소에 주목한다.

대출을 받는 시기는 보통 내 집 마련을 눈앞에 둔 상황, 즉 심리적 거리가 가까운 상황이다. 이런 상태에서는 대출 상환의 기반이 되는 미래 설계나 장기적인 상환 계획 등을 제대로 계산하기 어렵다. 눈앞에 제시된 낮은 상환액에 이미 현혹된 상태이기 때문이다.

또 '시간 선호'도 영향을 미쳤다고 볼 수 있다. 사람들은 즉시 받을 수 있는 보상을 더 가치 있다고 느낀다. 수령 시기가 늦어질수록 체감하는 가치는 낮아진다. 이것을 '시간 선호' 또는 '시간 할인'이라고 한다. 사람들은 미래의 보상을 현재의 보상보다 낮게, 즉 할인해서 평가한다는 것이다. 이때 얼마나 더 낮게 느끼는지를 나타내는 할인율을 시간 할인율이라고 한다. 예를 들어 1년 후에 10만 5천 원을 받을지 지금 10만 원을 받을지 고르라고 하면 대부분 지금 당장 10만 원을 받는 쪽을 선택한다. 시간 선호의 영향 때문에 미래의 10만 5천 원이 갖는 가치를 실제보다 더 낮게 느끼는 것이다.

이것을 금융 상품에 대입해서 생각해보자.

지금 10만 원을 받지 않고 1년 후에 10만 5천 원을 받는

30년 동안 갚아야 할 빚을 지면서 새 집을 구입하게 만드는 마인드 컨트롤

다는 것은 1년 후에 연이율 5%의 이자가 붙는 10만 원짜리 금융 상품에 가입하는 것과 같다. 게다가 실제 투자와 달리 원금이 줄어들 위험도 없다. 현재 일본의 보통 예금 금리가 1%도 되지 않는 것을 생각하면 상당히 이득인 셈이다. 1년 후의 10만 5천 원을 선택하지 않는 것은 다시 말해 자신에게 훨씬 이득인 금융 상품을 이용하지 않는 것과 같다. 이처럼 시간 선호의 영향을 받으면 이성적인 판단이 어려워지고 눈앞의 이익에만 급급해 기회를 놓치게 된다.

참을성이 부족한 사람일수록 시간 할인율이 높아진다. 개학 직전까지 방학 숙제를 미루는 사람을 예로 들 수 있다. 이런 타입은 놀고 싶다는 욕구를 참지 못해 숙제도 하지 않고 놀기부터 한다. 살찔 것을 알면서도 참지 못하고 눈앞에 놓인 과자를 먹어버리는 사람도 마찬가지다. 누구에게나 이런 부분은 있겠지만 그 정도는 사람마다 다르다. 즉 사람에 따라 시간 할인율은 달라진다는 말이다.

리처드 탈러는 시간 할인율이 고정된 것이 아니라 시간의 흐름에 따라 변화한다는 사실을 증명하기 위해 다음과 같은 실험을 진행했다. 실험 참가자들에게는 복권에 당첨되었다는 가정하에 만약 당첨금 수령 시기를 연기할 경우, 즉시 수령할 때와 동일한 만족을 얻기 위해서는 얼마를 받아야 한다고 생각하는지 물었다. 구체적으로는 당첨 금액이 40달러인 경우, 200달러인 경우, 1천 달러인 경우, 5천 달러인 경우에 대해 각각 반년 후, 1년 후, 2년 후, 4년 후의 수령 금액을 정하는 방식이었다.

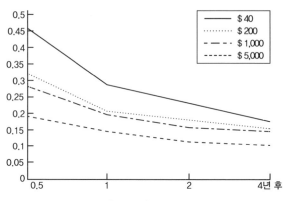

[그림 3-1] 시간과 금액의 상관관계에서 나타나는 할인율

실험 결과, 당첨 금액에 상관없이 시간이 지날수록 할인율
은 낮아졌다[그림 3-1]. 특이한 것은 시작 지점에서는 기울기가
급하고(=할인율 상승), 시간이 지날수록 기울기가 완만해졌
다(=할인율 하락)는 점이다. 또 금액이 낮을수록 기울기는
커졌다. 사람들은 가까운 미래일수록, 그리고 금액이 적을수
록 참을성이 없어진다는 말이다.

지금까지 사람들이 눈앞에 제시된 낮은 상환액에 현혹되
는 이유를 해석 수준 이론을 통해 살펴보았다. 또 서둘러
내 집을 마련하고 싶어 하는 것은 시간 선호 때문이라는
사실도 확인할 수 있었다. 다시 말해 사람들은 자신이 불합
리한 판단을 하고 있다는 사실을 자각하지 못한 채 여유
대출을 이용한 것이다.

여기서부터는 사람들이 거액의 대출을 받아가면서까지
구입하려고 하는 '집'에 대해 생각해보고자 한다. 집을 살
때는 다른 물건을 살 때와는 전혀 다른 리스크가 존재한다.
대표적인 것으로 다음 3가지를 들 수 있다.

① **충분한 구입 경험이 없음**: 일반적으로 개인이 집을 구입하는 횟수는 평생 한두 번 정도에 불과하다. 따라서 과거의 경험을 참고하는 것 자체가 불가능하다.

② **대규모 자금이 필요함**: 집은 우리가 돈을 내고 살 수 있는 것 중에서 가장 비싼 물건이라고 할 수 있다. 그렇다 보니 지나치게 신중해지거나 조급해져서 평정심을 잃기 쉽다.

③ **상품의 질을 판단하기 어려움**: 신축이라면 보통 집이 다 지어지기 전에 도면만 보고 계약을 한다. 고층에서 내려다보는 전망을 확인할 수 없을 뿐 아니라 전문가가 아닌 이상 집의 구조를 판단하기도 어려우며, 집이 다 지어진 후에는 벽으로 가려지기 때문에 확인이 불가능한 경우가 대부분이다.

한 마디로 집이란 충분한 정보가 제공되지 않은 상태에서 구입할 수밖에 없는 상품이라는 말이다. 얼마 전 건축 설계사가 내진 설계 기록을 조작했다는 사실이 밝혀져 사회적으로 물의를 빚기도 했다. 그 이유 때문만은 아니겠지만 최근 일본에서는 내 집 마련이 필수라고 생각하는 사람이 계속해서 줄고 있다.

일본 총무성 통계국이 발표한 주택 토지 통계조사에 따르면 30대 초반의 자가 보유율은 1988년 39%에서 2013년 29%로 떨어졌다. 동 기간 30대 후반의 자가 보유율은 57%에서 46%로 떨어졌으며, 40대 초반은 66%에서 56%로, 40대 후반은 72%에서 63%로 모두 10% 가까이 감소했다. 특히 결혼이나 출산 등으로 주택 구입 수요가 증가하는 연령대인 30~40대가 집을 구입하지 않는 것으로 나타났다.

집을 구입하지 않는 이유는 다양하다. 우선 이들은 과거 여유 대출로 고생하는 부모 세대를 보며 자랐기 때문에 주택 구입에 따르는 리스크를 잘 알고 있다. 또 디플레이션 속에서 다른 상품과 마찬가지로 집값도 떨어질 가능성이 있다고 생각하며, 서두르지 않고 때를 기다리는 침착함도 갖추고 있다.

장차 일본의 집값이 하락할 가능성은 상당히 높다. 우선 저출산으로 인구는 줄어들고 빈집 문제가 심각한 사회 문제로 대두되고 있다. 총 주택 수 가운데 빈집이 차지하는 비율은 2013년 13.5%였고, 2033년에는 30%를 넘을 것으로 예상된다. 빈집 중 대부분은 다시 시장에 공급될 테니 수요 감소와 공급 증가로 인해 가격은 내려갈 수밖에 없다.

다음으로 집을 사는 것이 부담스럽다는 이유도 있다. 요즘 같은 시대에는 불황으로 수입이 감소하거나 이직 등으로 급여가 변동될 가능성이 높다. 수입이 불안정한 상태에서 정기적으로 상환해야 하는 대출을 이용하는 것은 위험하다. 또 과거에 비해 이직이나 이주를 하는 경우가 많아지고 있는데, 이사를 가야 하는 상황에 자가를 보유하고 있는 것은 족쇄로 작용할 수 있다.

그렇다면 내 집 마련 외에 어떤 선택지가 존재할까? 우선 임대 주택을 생각해볼 수 있다. 과거의 임대 주택은 건축 비용을 아끼려다 보니 분양 주택보다 수준이 떨어진다는 이미지가 강했지만 최근에는 그렇지 않은 경우도 많다.

임대 주택이 남아돌면서 경쟁이 심해진 결과, 성능이나 디자인이 뛰어난 임대 주택이 늘어나고 있다. 또 지금까지 고령자는 임대 주택에 들어가기가 어려웠지만 이러한 조건도 점차 완화될 것으로 보인다.

새로 짓는 임대 주택 중에는 가구 및 가전이 모두 갖추어져 있거나 보증금, 중개수수료, 공과금, 통신비 등을 월세와 함께 다달이 나누어 지불하는 곳도 있다. 쉐어하우스도 보편화되었다. 개중에는 음악이나 스포츠 등 취미가 같은 사람들끼리 함께 모여 사는 곳이 있는가 하면 1인 가구와 다인 가구가 함께 사는 곳도 있다. 쉐어하우스와 형태는 비슷하지만 사생활 보호와 설비 측면에 더 신경을 쓴 아파트도 등장하기 시작했다.

또 매월 몇십만 원을 내면 국내 어디서든 거주가 가능한 주택 구독 시스템이나, 평일에는 도시에서 일하고 주말이 되면 시골로 내려가서 생활하는 다거점 생활자 같은 라이프 스타일도 등장했다. 이처럼 앞으로의 주거 양태는 지금보다 훨씬 더 다양해질 것으로 예상된다.

미래학자 오치아이 요이치는 저서 『일본 부흥 전략』에서 '내 집 마련과 주택 담보 대출은 전후 일본의 성장 전략을 뒷받침하는 훌륭한 시스템이었다'고 말하고 있다(주 3-1). 처음에 계약금을 내고, 이후 수십 년에 걸쳐 돈을 나누어 냄으로써 가계에서 자동으로 소득이 빠져나가는 시스템이기 때문이다.

이것은 당시 일본 정부와 국민이 서로 윈윈 관계에 있었기 때문에 가능한 일이었다. 주택 담보 대출 덕분에 사람들은 당장 돈이 없어도 집을 살 수 있었다. 거품 경제가 붕괴하기 전까지 일본의 땅값과 집값은 매년 올랐다. 국민들은 이러한 혜택을 누리면서 정부에 돈을 내맡긴 것이다. 그러나 어느 순간부터 톱니바퀴가 조금씩 어긋나기 시작했다. 주택 정책은 경기 회복의 도구로 사용되었고, 조삼모사식으로 잘못된 판단을 하도록 유도한 주택 담보 대출 때문에 국민들은 결과적으로 내 집을 빼앗길 위기에 처했다.

하지만 원래 자기가 한 일에 대해서는 책임을 져야 한다. 여기서도 일방적으로 정부 탓만 할 수는 없다. 아무런 의심도 하지 않고 대책 없이 정부를 믿기만 한 것 역시 명백한 잘못이기 때문이다. 한 번쯤은 상식을 의심해볼 필요가 있다. 내 집 마련 풍조에는 '내 집이 있어야 제대로 된 어른'이라는 낡은 가치관도 영향을 미쳤을 것이다. 이처럼 집이나 땅을 특별하게 생각하거나 소유를 지향하는 태도는 버려야 한다.

내 집을 갖는 것이 나쁘다는 말은 아니다. 다만 주택을 구입할 때는 생각보다 큰 리스크가 따른다는 사실을 명심할 필요가 있다. 다양한 선택지를 충분히 검토하고 어떤 리스크가 있는지 제대로 알아본 후에 최종적인 판단을 내리는 것이 바람직하다.

소유에서 이용으로 옮겨가고 있는 현재의 사회적 흐름이 주택에 미치는 영향에 대해서도 알아둘 필요가 있다. 현재 우리가 선택할 수 있는 거주 형태와 라이프스타일은 매우 다양하다. 즉 과거와는 달리 자유롭고 개성적인 삶이 가능해졌다는 말이다. 이 상황을 충분히 즐길 수 있는 사람만이

30년 동안 갚아야 할 빚을 지면서 새 집을 구입하게 만드는 마인드 컨트롤

행복한 삶을 살 수 있다.

내 집을 갖지 않고 자유롭게 옮겨다니며 살거나 내 집 마련이라는 꿈을 이루어 행복하게 살 수도 있고, 자산 운용의 일환으로 부동산을 매매하거나 도시와 지방에 각각 집을 소유할 수도 있으며, 중고로 집을 사서 자유롭게 꾸미며 살 수도 있다. 선택지는 그야말로 무궁무진하다.

하지만 자유에는 책임이 따르는 법이다. 실패하지 않기 위해서는 해석 수준 이론이나 시간 할인율 등에 대해 제대로 알고 있어야 한다. 사람은 누구나 불합리한 판단을 할 가능성이 있기 때문에 그 점을 감안해서 리스크 관리를 할 필요가 있다.

또 여유 대출 상품 같은 함정은 앞으로도 다양하게 모습을 바꾸어가며 반복해서 나타날 가능성이 높다. 무엇이 함정인지 정확하게 파악하고 자신에게 잘 맞는 선택을 하는 것이 중요하다. 심리적인 약점을 이용당하지 않기 위해서는 지식을 쌓아야 한다. 그런 의미에서 행동경제학은 좋은 무기가 되어줄 것이다. 행동경제학 지식을 제대로 활용할 수 있다면 리스크를 줄이고 자유로운 삶을 만끽할 수 있다.

보험은
정말로 도움이 될까?

    보험은 크게 손해 보험과 생명 보험으로 나뉜다. 각각이 등장한 시기와 경위는 전혀 다르다.

    우선 손해 보험의 역사는 고대 오리엔트 시대까지 거슬러 올라간다. 당시에는 자금을 빌려 여행에 나선 상인들이 자연 재해나 도적의 습격 등으로 짐을 잃었을 경우 자금을 빌려준 자가 손해를 부담한다는 약속이 존재했고, 이것이 손해 보험의 시초라고 할 수 있다. 또 15세기 중반부터 17세기 중반에 이르는 대항해시대에는 해상 보험도 생겨났다. 선박이나 화물을 담보로 돈을 빌린 다음 무사히 돌아오면 빌린 돈에 이자를 더해 상환하고, 담보물에 문제가 생기면 상환이 면제되는 시스템이었다. 1666년에는 런던 대화재를 계기로 화

재 보험이 탄생했다. 일본에서도 에도 시대에 막부의 허가를
받은 배를 통해 무역이 이루어지면서 해상 보험과 비슷한
제도가 만들어졌다.

한편 생명 보험은 중세 유럽의 동업자 조합인 길드를 통해
조합원들이 관혼상제 비용을 분담했던 것에서 기원한다고
알려져 있다. 17세기 영국에서는 신도가 사망할 경우 유족의
생활을 돕기 위해 목사가 매월 신도들로부터 돈을 걷는
제도가 존재했는데, 이것이 현재의 생명 보험의 원형이라고
할 수 있다.

일본에서는 1867년 후쿠자와 유키치가 외국의 사례를
소개하면서 보험이라는 제도가 처음 알려졌고, 1879년에는
해상 보험 회사가, 1888년에는 화재 보험 회사가 설립되었
다. 생명 보험 회사가 설립된 것은 1881년의 일이다.

19세기 말~20세기 초에는 청일전쟁(1894~1895년), 러일
전쟁(1904~1905년), 간토 대지진(1923년) 등 큰 사건들이
잇따라 발생했다. 전사자와 희생자에게는 거액의 보험금이
지급되었고, 이를 계기로 많은 사람들이 생명 보험의 존재
와 장점에 대해 알게 되었다.

제2차 세계대전(1939~1945년) 이후 별다른 기술이 없는
전쟁미망인들은 생계를 위해 보험 판매원이 되었다. 보험
회사들은 이들을 적극적으로 영입했고, 이렇게 채용된 보험
판매원들은 일본 전역의 가정과 일터를 방문하며 영업 활동
을 전개했다.

1980년대 들어서는 대졸 이상의 학력과 세제 및 법률
지식을 겸비한 생활 설계사가 등장했으며, 인터넷이 보편화

된 현대에는 각종 디지털 매체가 보험 관련 정보를 제공하고 보험을 판매하는 역할을 담당하고 있다.

이렇듯 보험의 역사를 되짚어보면 손해 보험은 위험 분산과 투자라는 목적에 기반해 만들어졌으며, 생명 보험은 상호부조 정신에 입각해 만들어졌다는 사실을 알 수 있다.

전후 일본에서 생명 보험이 대대적으로 보급된 배경에는 보험 판매원의 존재가 있었다. 개인에게 할당된 판매 목표를 달성하기 위해 필사적으로 노력한 전쟁미망인과 보험 가입자 사이에는 암묵적인 상호부조 정신이 존재했다. 전문적인 지식을 갖추지 못한 전쟁미망인 출신 보험 판매원들은 사람들의 의리와 인정에 기대어 일본 전역에 보험을 침투시켰고, 그 결과 일본 국민의 보험 가입률은 대폭 증가했다.

생명보험문화센터가 실시한 생활보장조사 결과에 따르면 2016년도 일본의 생명 보험 가입률은 남성이 80.6%, 여성이 81.3%였다. 또 세대별 연간 보험료는 평균 38만 5천 엔이었다. 이 금액을 30년간 납입할 경우 전체 보험료는 1155만 엔, 40년간 납입할 경우에는 1540만 엔에 달한다(주 3-2).

이 돈으로 매월 보험료를 내지 않고 저축을 한다면 굳이 보험에 가입하지 않더라도 만일의 사태에 충분히 대응할 수 있는 금액이다. 그럼에도 불구하고 많은 사람들이 보험에 가입하는 데에는 그럴 만한 이유가 있을 것이다. 이에 대해 행동경제학의 관점에서 생각해보자.

우선 생명 보험에 가입하는 이유에 대해 생각해보자.

생명 보험은 가입자가 사망한 경우, 병이나 사고로 입원한 경우, 암 진단을 받은 경우 등에 도움이 된다. 즉 죽거나 병에 걸리는 등 본인과 주위 사람들이 육체적으로나 신체적으로 큰 타격을 입었을 때 필요한 것이 바로 보험이며, 보험에 가입해야겠다는 생각이 드는 것은 이러한 리스크에 대처할 필요성을 느꼈을 때다.

앞서 2장에서 리스크를 과대평가하게 되는 요소에 대해 설명한 바 있다. 그중 다음 항목들은 생명 보험과 깊은 관련이 있다.

- 희생자의 신원   희생자의 구체적인 신원을 알면 리스크가 더 크게 느껴진다
- 사고의 역사   과거에 안 좋은 일이 발생한 적이 있으면 리스크가 더 크게 느껴진다
- 제어 가능성   피해가 스스로 제어할 수 있는 수준을 넘어선다고 판단되면 리스크가 더 크게 느껴진다
- 이익   예상되는 이익이 명확하지 않으면 리스크가 더 크게 느껴진다
- 복원성   실패할 경우 원상복구가 불가능하다면 리스크가 더 크게 느껴진다
- 극도의 공포   결과가 공포심을 유발하는 경우에는 리스크가 더 크게 느껴진다

사람들이 보험을 필요로 하는 경우와 위 리스크와의 정합성을 따져보자.

- 희생자의 신원   희생자는 자신의 가족임
- 사고의 역사   본인이나 가족이 병에 걸리거나 죽는 경험을
              한 적이 있음
- 제어 가능성   병이나 죽음은 대부분 제어가 불가능함
- 이 익   병이나 죽음으로 인한 불이익은 정신적인 부분에
              서부터 경제적인 부분에 이르기까지 정확한 예측
              이 불가능할 정도로 큼
- 복원성   병에 걸리기 이전 상태로 완전히 돌아가기는 어려
              우며, 죽음은 돌이킬 수 없음
- 극도의 공포   병이나 죽음 모두 커다란 공포의 대상임

이와 같이 리스크가 크다고 느끼기 때문에 사람들은 생명 보험에 가입하게 된다.

그렇다면 손해 보험은 어떨까. 손해 보험은 물건의 파손이나 분실 등 손실과 관련된 보험이다. 따라서 1장 손실 회피 부분에서 설명한 가치 함수와 같은 행동경제학 이론이 참고가 될 수 있다.

대니얼 카너먼과 아모스 트버스키가 제창한 '전망 이론' 이라는 개념이 있다. 이것은 손실 회피의 상위에 해당하는 행동경제학의 대표 개념 중 하나로, 인간이 손실과 이득을 평가하고 선택하는 원리에 대해 설명하고 있다.

전망 이론에서 말하는 2가지 대원칙은 다음과 같다.

- 확률에 대한 사람들의 반응은 선형으로 나타나지 않는다
- 인간이 기쁨이나 슬픔을 느끼는 기준은 이해득실의 절대량이 아니라 변화량이다

1장의 손실 회피에서 설명한 가치 함수를 떠올려보자. '사람들의 반응은 선형으로 나타나지 않는다'라는 첫 번째 법칙은 다시 말해 이익-손해와 만족-불만족의 관계를 나타내는 그래프가 직선이 아니라 곡선을 그린다는 뜻이다. 이익이나 손해의 정도가 커질수록, 즉 중심에서 좌우로 멀어질수록 반응의 정도를 나타내는 상승 폭이나 하락 폭은 작아진다.

이러한 성질을 행동경제학에서는 '민감도 체감성'이라고 부른다. 이익이나 손해의 절대값이 작을 때는 작은 변화에도 큰 기쁨이나 슬픔을 느끼지만, 절대값이 커질수록 변화에 대한 반응 정도는 무뎌진다. 예를 들어 기온이 25도에서 30도로 올라가는 것과 0도에서 5도로 올라가는 것은 변화의 폭은 동일하지만, 후자의 경우에 훨씬 더 변화가 크다고 느낀다. 이것이 바로 민감도 체감성이다.

전망 이론의 또 다른 전제인 '인간이 기쁨이나 슬픔을 느끼는 기준은 이해득실의 절대량이 아니라 변화량이다'는 다음 사례를 보면 쉽게 이해할 수 있다.

A씨: 어제는 1000만 원을 가지고 있었고, 오늘은 5000만 원을 가지고 있다

B씨: 어제는 9000만 원을 가지고 있었고, 오늘은 5000만 원을 가지고 있다

오늘 가진 돈이 똑같이 5000만 원이어도 어제보다 늘어난 A씨는 기뻐할 것이고, 어제보다 줄어든 B씨는 슬퍼할 것

이다. 금액은 같지만 거쳐온 변화의 과정이 반대이기 때문이다. 이처럼 인간은 절대량이 아니라 변화량으로 이해득실을 평가한다. 이때 변화의 기준이 되는 것이 참조점이다. 앞서 나온 예에서 A씨는 1000만 원, B씨는 9000만 원을 가진 상태가 참조점이 된다. 변화를 좌우하는 것은 변화의 기점이 되는 참조점이다. 참조점이 이후의 평가를 좌우하게 되는 현상을 '참조점 의존성의 법칙'이라고 한다.

참조점 의존성의 법칙은 보험에도 적용된다.

가전제품을 구입할 때 추가로 보험료를 내면 보증 기간이 늘어나는 경우가 있다. 예를 들어 100만 원짜리 컴퓨터를 구입할 때 추가로 3만 원을 내면 보증 기간이 3년으로 연장된다는 식이다. 사람들은 왜 이런 보험에 가입하는 것일까?

'100만 원짜리 컴퓨터를 구입할 때 3만 원을 추가로 결제해서 보증 기간 3년이 되는 경우'와 '이미 소유 중인 컴퓨터에 대해 새로 3만 원을 결제해서 보증 기간 3년이 되는 경우'를 비교해보자. 컴퓨터를 구입할 때 보험 가입 여부를 판단하는 것은 결국 103만 원을 지불할지 100만 원을 지불할지 선택하는 것이고, 이미 컴퓨터를 가지고 있는 경우에는 3만 원을 지불할지 말지를 선택하는 것이다.

여기서의 참조점은 모두 0원이다. 즉 '마이너스 103만 원 or 마이너스 100만 원'과 '마이너스 3만 원 or 마이너스 0원'을 비교하는 것이라고 볼 수 있다.

후자의 경우에는 아예 돈을 내지 않는 것도 가능하기 때문에 돈을 지불한다는 행위 자체에 저항감을 느끼게 된다. 반면 전자의 경우 100만 원은 기본적으로 내야 하는 돈이기 때문에 추가되는 3만 원은 그다지 부담스럽게 느껴지지 않는다. 그렇기 때문에 전자의 경우에는 별다른 저항감을 느끼지 않고 보험에 가입하게 되는 것이다.

지금까지 설명한 가치 함수는 전망 이론에서 중요하게 다루는 법칙 중 하나다. 이 밖에도 확률 가중 함수라는 것이 있다[그림 3-2]. 그림에서 가로축은 '실제로 일어날 확률(객관적 확률)', 세로축은 '일어날 것이라고 예상하는 확률(주관적 확률)'을 나타낸다. 좌측 하단의 시작점은 0%이고, 우측 상단의 끝나는 점은 100%다.

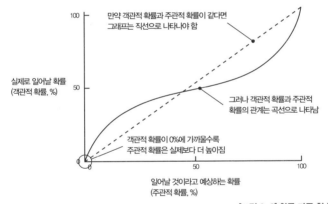

[그림 3-2] 확률 가중 함수

이 함수 역시 가치 함수와 마찬가지로 직선으로 나타나지 않는다. 실제로 일어날 확률이 낮을 때는 이를 과대평가해서 실제보다 일어날 확률이 더 높다고 느낀다. 실제로 일어날 확률이 50% 이상 커지면 반대로 이를 과소평가해서 실제보다 일어날 확률이 더 낮다고 느낀다.

이러한 경향은 확률이 0%나 100%에 가까울수록 더 강해진다. 실제로 일어날 확률이 0%에 가까운 경우에는 실제보다 더 높게 받아들이고, 반대로 100%에 가까운 경우에는 실제보다 더 낮게 받아들인다. 여기서 생겨난 법칙이 바로 '확실성 효과'다. 확실성 효과란 0%나 100% 등 확실하게 일어날 것으로 예상되는 일을 과대 또는 과소평가하는 심리적 편향을 뜻한다.

그렇다면 이 확실성 효과는 보험 가입 여부를 정하는 데 어떤 영향을 미칠까?

우선 손해 보험에 가입해서 손실을 확실하게 보상받을 수 있다면 손해를 볼 확률은 0%다. 확실성 효과에 따르면 이 사실은 매우 매력적으로 느껴질 것이다. 한편 손해 보험에 가입하지 않은 경우에는 실제로 사고가 발생할 확률이 0%에 가깝다고 하더라도 정확하게 0%는 아니기 때문에 실제보다 더 발생할 확률이 높다고 느끼게 된다. 그 결과 사람들은 '손해 보험에 가입하면 실제보다 더 높은 확률로 일어날 것 같은 손실을 100% 확실하게 피할 수 있다'고 생각하게 되는 것이다.

지금까지 살펴본 행동경제학 지식에 따르면 사람들은 실제 확률이 아니라 자신이 체감하는 확률을 토대로 행동한다는 사실을 알 수 있다. 사람들은 때때로 실제보다 리스크를 더 크게 느끼는 경향이 있다. 반대로 보험을 믿고 지나치게 안심하거나, 지불해야 하는 보험료를 실제로 부담하는 금액보다 더 가볍게 느끼기도 한다. 이러한 심리적 편향으로 인해 사람들은 보험에 가입하게 되는 것이다.

물론 보험 가입 자체가 잘못은 아니다. 단지 불필요한 보험에 가입하는 것은 좋지 않다는 말이다. 과거 일본인은 보험에 지나치게 많이 가입하는 경향을 보였지만, 최근에는 보험 가입률 및 보험료가 조금씩 줄어들고 있다.

보험을 판매하는 쪽도 사정이 많이 달라졌다. 기업들이 안전 관리를 강화함에 따라 예전처럼 각 직장에 방문해서 보험을 판매하는 방식은 유지하기 어려워졌다. 의리나 인정에 호소하는 판매 방식은 더 이상 통하지 않으며, 한때 각광을 받았던 생활 설계사의 인기도 시들해졌다. 최근에는 인터넷을 통한 판매가 늘어나는 추세이다.

이렇듯 이제는 보험 가입 여부는 물론 가입 방법까지 각자가 자유롭게 선택할 수 있게 되었다. 더 이상 심리적 편향의 영향을 받아 자기도 모르게 분위기에 휩쓸려서 가입하지 않아도 된다는 말이다.

보험에 관한 지식을 쌓고, 더 좋은 보험을 찾고자 노력한다면 선택지는 무궁무진하다. 본인의 가족 구성, 자산 현황, 라이프스타일 등을 바탕으로 어떤 보장이 필요한지 판단해 최적의 선택을 하는 것이 중요하다.

이때 자신이 전망 이론과 같은 심리적 편향으로 인해 불합리한 선택을 하고 있지는 않은지 스스로 체크해볼 필요가 있다. 행동경제학 지식을 갖추는 것이 리스크 회피의 첫걸음인 셈이다.

생각 없이 물건을 구입하는
사람의 머릿속에 작용하는
2가지 시스템

행동경제학은 특정인을 위한 것이 아니라 행동경제학을 알고 활용하고자 하는 모든 사람을 위한 것이다. 다만 현재로서는 행동경제학을 일상생활에 적용하는 데 있어 개인보다는 기업이 좀 더 앞서고 있는 실정이다. 기업이 행동경제학을 활용해 사람들의 구매 행동에 영향을 미치는 사례는 주위에서 쉽게 찾아볼 수 있다.

점포 앞 매대에 진열해 놓은 상품의 종류, 가격 설정, 상품 정보 표시 방법 등이 그 예다. 이들 선택지가 어떻게 제시되는지에 따라 결과는 달라질 수 있다. 사람들은 소중한 돈을 신중하게 사용하는 것처럼 보이지만, 실제로는 무의식중에 물건을 구매하도록 유도당하고 있을 가능성이 높다.

예를 들어 선택지가 2개인 경우와 3개인 경우에는 결과가 달라질 수 있다.

이를 검증하기 위해 댄 애리얼리 교수는 매사추세츠공과대학 학생들을 대상으로 경제 주간지 『이코노미스트』 구독에 관한 실험을 진행했다. 피실험자가 아래 3가지 구독 방식 중 하나를 선택하는 실험이었다.

A: 온라인판 연간 구독: 59달러
B: 종이판 연간 구독: 125달러
C: 종이판 및 온라인판 세트 연간 구독: 125달러

실험 결과는 다음과 같았다.

A: 16%
B: 0%
C: 84%

종이판(B)과 같은 금액에 종이판과 온라인판 세트(C)를 구독할 수 있다면 세트를 구독하는 편이 이득이라고 느끼는 것은 자연스러운 반응이다.

위 실험 후, 피실험자들에게 다음 2가지 중 어느 것을 선택할 것인지 다시 한번 질문했다.

A: 온라인판 연간 구독: 59달러
C: 종이판 및 온라인판 세트 연간 구독: 125달러

실험 결과는 다음과 같았다.

A: 68%
C: 32%

이번에는 세트 구독(C)을 선택한 사람이 32%로 크게
줄었다. 처음에 제시되었던 선택지 중 아무도 선택하지
않은 선택지를 삭제했을 뿐인데 결과가 달라진 것이다.
이것은 '앵커링 효과' 때문이다. 앵커링 효과란, 선행하는
수치로 인해 이후의 판단이 영향을 받아 결과값이 앵커에
가까운 수치를 나타내는 경향을 가리킨다. 여기서 앵커란
닻을 의미한다. 배가 닻 주위를 벗어날 수 없듯이 앵커에서
가까운 범위 안에서 판단을 내리게 된다는 말이다. 또 위
실험에서는 '매력 효과'도 영향을 미쳤다. 매력 효과란, 선택
지 A와 그보다 모든 면에서 뒤떨어지는 선택지 B를 함께
제시하면 A를 선택할 가능성이 높아지는 현상을 가리킨다.

위 실험에서는 미끼가 된 B의 매력 효과로 인해 결과적으
로 C의 매력이 높아졌다. 첫 번째 실험에서는 앵커인 B의
존재가 A와 C의 평가에 영향을 미쳤다. 피실험자들은 B와
C를 비교하는 데 집중한 나머지 A만으로도 충분하다는
생각을 하지 못했다. 그리고 B가 사라지자 비로소 A와 C를
냉정하게 평가해 저렴한 온라인판만으로 충분하다는 결론
에 다다른 것이다.

미국 프린스턴대학의 엘다 샤퍼 교수는 다음과 같은 실험
을 진행했다.

생각 없이 물건을 구입하는 사람의 머릿속에 작용하는 2가지 시스템

실험에서는 CD 플레이어를 사러 가게에 갔더니 마침 오늘만 세일 중이었다는 상황을 가정하고, 다음 3가지 경우에 물건을 구입할 것인지 물었다. 참고로 여기서 SONY는 고급형, AIWA는 보급형을 뜻한다.

1. SONY의 인기 모델을 대폭 할인해서 99달러에 판매 중
2. SONY의 인기 모델을 대폭 할인해서 99달러에 판매 중, AIWA의 최신 모델도 대폭 할인해서 169달러에 판매 중
3. SONY의 인기 모델을 대폭 할인해서 99달러에 판매 중, AIWA의 예전 모델을 정가인 105달러에 판매 중

결과는 다음과 같았다.

1. SONY를 구입한 사람 66%, 아무것도 구입하지 않은 사람 34%
2. SONY를 구입한 사람 27%, AIWA를 구입한 사람 27%, 아무것도 구입하지 않은 사람 46%
3. SONY를 구입한 사람 73%, AIWA를 구입한 사람 3%, 아무것도 구입하지 않은 사람 24%

판매 상품이 SONY밖에 없는 경우에는 구입하겠다는 사람이 66%였다. 즉 매력적인 선택지가 1개뿐이라면 응답자의 2/3가 기꺼이 그것을 사겠다고 답한 것이다. 그런데 매력적인 선택지가 2개로 늘어나자 구입하겠다는 사람은 54%로 줄었다. 2번째로 등장한 매력적인 선택지 때문에 선택이 어려워진 것이다.

마지막으로 매력적인 선택지에 비해 모든 면에서 뒤떨

어지는 선택지가 추가되었다. 비교가 쉬워진 것이다. 새로 등장한 선택지로 인한 매력 효과가 영향을 미친 결과, 상대적으로 더 매력적인 제품인 SONY를 구입하겠다는 사람은 73%까지 늘어났다.

복수의 선택지가 존재하고, 그중 하나만을 골라야 하는 상황에서는 판단을 내리기가 어렵다. 반면 선택지가 더 늘어나더라도 선택이 어렵지 않은 경우에는 판단을 내리기가 쉽다. 선택지가 1개밖에 존재하지 않을 때 판단을 유보할 확률은 중간 정도인 것으로 확인되었다.

미국 스탠퍼드대학의 이타마르 시몬슨 교수와 아모스 트버스키 교수가 실시한 다음과 같은 실험도 있다. 피실험자들에게는 몇 가지 선택지를 제시하고 그중 어느 것을 구입할지 물었다. 첫 번째 질문의 선택지는 다음 2가지였다.

A. 낮은 품질에 낮은 가격의 카메라: 166달러
B. 중간 품질에 중간 가격의 카메라: 239달러

결과는 A가 50%, B가 50%였다.
2번째 질문의 선택지는 다음 3가지였다.

A. 낮은 품질에 낮은 가격의 카메라: 166달러
B. 중간 품질에 중간 가격의 카메라: 239달러
C. 높은 품질에 높은 가격의 카메라: 466달러

결과는 A가 22%, B가 57%, C가 21%였다.

사람들은 일련의 선택지 중 양극단이 아닌 중간값을 골랐다. 이것을 '극단 회피성' 또는 '타협 효과'라고 한다. 보통 3가지 단계의 선택지가 주어지면 가장 높거나 낮은 값을 피해 중간 선택지를 고르게 된다는 말이다.

지금까지 선택과 관련된 3가지 실험 및 행동경제학 법칙에 대해 소개했다.

이처럼 인간의 판단이 쉽게 영향을 받는 것은 어째서일까. 이에 대해 대니얼 카너먼은 저서 『생각에 관한 생각』에서 다음과 같이 설명하고 있다. 인간의 뇌에는 시스템 1과 시스템 2라는 2가지 사고 체계가 존재하는데, 이 둘은 서로 다른 특징을 가지고 있다.

- **시스템 1: 자동반사적으로 빠르게 반응하는 사고 체계**
- **시스템 2: 지적 활동 및 복잡한 선택에 사용되는 사고 체계**

시스템 1은 사람이 활동하는 동안 계속 켜져 있는 상태로, 외부 자극에 대한 인상이나 직감을 담당한다. 시스템 1의 결과에 따라 필요한 경우에는 시스템 2가 추가적인 수정이나 확인 작업을 하게 된다. 『생각에 관한 생각』의 원제는 'Thinking, Fast and Slow'인데, 여기서 Fast는 시스템 1을, Slow는 시스템 2를 가리킨다.

시스템 1을 통해 정보를 한 차례 걸러낸 다음 시스템 2가 작동한다는 것은 상당히 효율적인 조합이라고 할 수 있다. 하지만 시스템 1은 때때로 답을 빠르게 도출하기 위해 문제를 지나치게 단순화하는 등과 같은 오류를 저지르곤 한다.

또 충분히 시간을 들여 생각해야 하는 문제에 대해서는 시스템 1이 성급하게 결론을 내리지 않도록 시스템 2가 제어할 필요도 있다. 시스템 1이 도출한 결과에 대해 시스템 2가 관여하지 않는 경우 또는 시스템 2가 제대로 수정하지 못하는 경우도 있을 수 있다. 앞서 소개한 실험에서처럼 충분히 고민해서 내놓은 대답과 반사적으로 내놓은 대답이 달라지는 것은 바로 이 때문이다.

앞서 3가지 실험을 통해 물건 구입과 관련된 인간의 욕구나 판단은 다른 무언가의 영향을 받았을 가능성이 높다는 사실을 확인할 수 있었다. 다만 실험을 진행한 연구자 중 한 명인 이타마르 시몬슨 교수는 후에 자신의 저서 『절대 가치』에서 이러한 일이 현실에서 일어날 가능성은 줄어들고 있다고 설명한다(주 3-3). 인터넷 쇼핑몰 같은 정보 매체가 발달함에 따라 상황이 변하고 있기 때문이다.

예를 들어 최근에는 온라인이나 오프라인 매장에서 무언가를 살 때 인터넷 검색을 통해 상품 정보를 확인하는 것이 일반적이다. 이때 과거에 구입한 사람의 구매 후기나 평가는 구입 여부를 판단하는 데 도움을 준다. 구입 후 만족했다는 후기를 보면 안심하고 구입하게 되며, 반대로 불만족한 후기를 보면 구입을 보류하게 된다.

시몬슨은 이로 인해 장차 마케팅이나 브랜딩의 방식도 변화할 것이라고 주장한다. 예를 들어 상품의 차이점을 강조한 광고는 효과가 없어질 것이라는 식이다. 광고에는 공간의 제약이 따르기 때문에 제한된 공간에서 어필할 수 있는 정보는 전체 상품 정보의 일부분에 불과하다. 한편 소비자는 인터넷에 올라온 평가나 후기를 바탕으로 광고에서 다루지 않은 부분에 대해서도 많은 정보를 얻을 수 있다. 그 결과 광고에서 아무리 차이점을 강조하더라도 그 내용이 소비자의 기억에 남지는 않는다는 것이다.

또 품질을 보증하는 역할을 하는 브랜드 역시 힘을 잃게 될 것이라고 주장한다. 기업이 제공하는 정보보다 실제 구매자의 후기나 평가가 더 확실하고 구체적으로 품질을 증명해주기 때문이다. 게다가 구매 직전에 정보를 검색해 상품을 구입하는 사람이 늘어남에 따라 과거의 구입 경험이나 이용 경험이 갖는 의미는 줄어들 것이고, 따라서 앞으로는 소비자의 브랜드 충성도를 높이는 것이 무의미해질 것이라고 보았다.

최종적으로는 다른 상품과의 비교가 아니라 상품 그 자체가 지닌 품질에 대한 판단을 바탕으로 구매가 이루어지게 된다는 것이 시몬슨 교수의 결론이다.

『절대 가치』는 인터넷 시대의 마케팅 및 브랜딩에 관한 신선한 주장을 담은 매우 흥미로운 책이다. 다만 현재 일본의 상황과는 맞지 않는 부분도 있다.

우선 시몬슨 교수가 가장 중요하다고 여기는 구매자 후기의 신빙성에 대해서다. 실제로 인터넷 쇼핑몰 후기를 둘러보면 번역기를 돌린 듯한 어색한 문장과 후한 평가가 많이 눈에 띈다. 누가 봐도 조작된 글이라는 것을 알 수 있다. 이런 거짓 후기는 예전부터 문제시되었지만 여전히 해결되지 않고 있다. 쇼핑몰 측에서도 효과적인 대책을 마련하지 못하고 있는 듯하다. 그러다 보니 인터넷상의 후기나 평가는 구입 여부를 판단하기 위한 재료로 충분히 믿을 만하다고 보기 어렵다.

또 정보의 완전성에도 문제가 있다. 각각의 후기에서는 동일한 상품을 저마다 다른 기준에 따라 평가하고 있다. 내가 필요로 하는 정보가 담겨 있지 않거나 후기 자체가 거의 존재하지 않을 가능성도 있다. 후기의 내용이나 구성은 전적으로 쓰는 사람의 자유에 달린 것이다 보니 어쩔 수 없이 감수해야 하는 부분이다.

물론 이런 문제는 앞으로 차차 개선될 것이다. 하지만 현재로서는 다른 사람의 후기나 평가를 구매의 근거로 삼기에는 불안한 부분이 적지 않다. 따라서 브랜드 충성도 향상이나 광고를 통한 차별우위 선점 등은 앞으로도 계속해서 효력을 발휘할 것으로 예상된다. 소비자 입장에서도 광고나 구매 후기 등 다양한 정보를 개개인의 판단에 따라 취사선택하는 것이 중요하다.

『절대 가치』에서 눈여겨볼 만한 부분은 일반 소비자가 더 이상 약자가 아니게 되었다는 사실이다. 다양한 매체를 통해 보다 많은 정보를 접할 수 있게 된 것은 전 세계 소비자들에게 좋은 소식이 아닐 수 없다.

하지만 아직 방심하기는 이르다. 온라인이나 오프라인 매장에서 소비자로 하여금 불합리한 결정을 하도록 유도하는 일이 완전히 사라진 것은 아니기 때문이다. 소비자 입장에서는 상품 진열이나 가격 등을 주의 깊게 살펴볼 필요가 있다. 또 정보가 늘어나는 것과 비례해서 혼란도 커지는 만큼 그 안에서 올바른 정보를 얻기 위해 행동경제학 지식을 효과적으로 활용하면 좋을 것이다.

노후 연금 2000만 엔 문제 공론화로 혜택을 보는 사람들

일본 금융청이 2019년 6월 3일 공표한 고령사회의 자산 형성 및 관리 보고서(금융심의회 작성)가 큰 화제가 되었다. 보고서에는 다음과 같은 통계 데이터가 실려 있었다.

· 2017년 기준 평균 수명은 남성 81.1세, 여성 87.3세
· 2017년 기준 고령 부부 무직 세대(남편 65세 이상,
  아내 60세 이상인 부부만으로 구성된 무직 세대)의
  매월 평균 적자액(실수입−실지출)은 약 5.5만 엔

무직 세대 부부의 남은 수명이 평균 20~30년이라고 보았을 때 이를 기준으로 총 적자액을 계산하면 다음과 같다.

- **20년인 경우:** 5.5만 엔 × 12개월 × 20년
  = 1320만 엔
- **30년인 경우:** 5.5만 엔 × 12개월 × 30년
  = 1980만 엔

　적게는 1320만 엔에서 많게는 1980만 엔에 달하는 이 돈은 저축이나 퇴직금으로 충당하고 있는 것으로 추정된다 (2017년 기준 고령 부부 무직 세대의 평균 저축액: 2484만 엔 / 2017년 기준 정년 퇴직자의 평균 퇴직금: 1700만 엔 ~2000만 엔).

　이에 대해 보고서에서는 다음과 같이 설명하고 있다.

　'남편 65세 이상, 아내 60세 이상인 부부만으로 구성된 무직 세대에서 매월 부족한 금액은 평균 약 5만 엔이며, 향후 20~30년의 삶이 남아 있다고 가정할 경우 부족액 총액은 1300만~2000만 엔 정도다. 이 금액은 어디까지나 평균적인 부족액을 기준으로 산출한 수치이며, 실제 부족액은 각 세대별 수입 및 지출 상황이나 라이프스타일에 따라 달라질 수 있다.'

　그런데 뉴스에서는 '노후 자금 2000만 엔 부족'이라는 내용만이 강조되었다. 실제 보고서에는 평균 1300만~2000만 엔에 달하는 부족분은 저축으로 충당할 수 있다는 설명이 함께 실려 있었지만, 뉴스에서는 마치 2000만 엔을 새로 조달해야 하는 것처럼 보도했다. 시청자의 불안감을 자극해 시청률을 높이려는 의도도 있었을 것이다.

또 참의원 선거를 앞둔 시점에서 야당이 이 문제를 정치적으로 이용했다. 야당은 '2000만 엔이라는 적자를 개개인이 감당해야 하는가', '100년은 끄떡없다고 한 연금제도는 거짓이었나'라는 말로 여당을 공격했다. 인터넷상에서도 '연금 파탄을 정부가 인정한 것인가', '보험료를 다 냈는데 자구책을 마련하라는 건 무슨 말이냐'는 비난과 지적이 쏟아졌다. 결국 아소 타로 금융장관은 국민을 불안하게 만들었다는 이유를 들어 금융심의회가 작성한 보고서 수령을 거부했다.

결국 보고서는 매체에 발목을 잡히고 야당의 공격을 받아 효력을 잃었지만, 실제로는 몇 가지 중요한 내용을 담고 있었다. 앞으로 평균 수명은 늘어나는 데 반해 퇴직금은 줄어들고 연금 지급액도 감소할 것이라고 예상되는 가운데 필요한 준비에 관한 내용이다.

① **적절한 인생 계획 수립**: '대학 졸업, 취직, 결혼 및 출산, 내 집 마련, 정년퇴직, 퇴직금과 연금으로 노후 생활'이라는 기존의 정형화된 라이프스타일이 아니라 자신만의 계획을 세울 것
② **자구책 마련**: 인생 계획이나 생활 수준을 고려해서 계속 일할 수 있는 방법을 모색하고 지출을 재검토하는 한편, 자산 형성 및 운용 계획을 세우는 등 자구책을 마련할 것
③ **자산 수명 연장**: 다음 3가지 단계에 알맞은 대응책을 마련할 것

I. 현역: 장기/적립/분산 투자를 통한 자산 형성

II. 퇴직 전후: 퇴직금을 포함한 계획 재검토, 중장기적 자산 운용 및 계획적인 사용

III. 고령기: 심신의 노화를 감안한 계획 수정, 거래 관계 간소화, 스스로 움직이지 못하게 되었을 때를 위한 대비책 마련

3가지 항목 모두 노후에 대비해 충분한 준비가 필요하다는 좋은 내용이다. 자구책을 마련해야 한다는 표현이 현재 연금 정책에 문제가 있다는 식으로 잘못 전달되었지만, 현재도 연금만으로 생활을 꾸려나갈 수 있는 고령자는 많지 않다. 후생노동성이 조사한 바에 따르면 고령자 세대의 수입에서 공적 연금이 차지하는 비율은 66%다. 나머지는 각자 알아서 메꾸고 있는 것이다. 자신의 노후는 스스로 책임진다는 생각으로 철저하게 준비할 필요가 있다. 하지만 보고서가 효력을 잃으면 이러한 내용을 정책적으로 추진하는 것은 불가능해진다.

'노후 연금 2000만 엔 부족'이라는 기사는 왜 이렇게까지 화제가 된 것일까. 물론 편파적인 보도 탓이 크지만 시청자의 마음속에도 보도에 주목하게 만드는 원인이 존재했던 것은 아닐까. 이에 대해 행동경제학의 관점에서 생각해보자.

우선 행동경제학에서 말하는 '동조 효과'가 영향을 미쳤을 가능성이 높다. 이것은 무의식중에 다른 사람과 동일한 행동을 하게 되는 현상을 가리키는 말로, 다른 이들과 똑같이 행동함으로써 안심하고자 하는 군중 심리가 작동한 결

과라고 볼 수 있다. 미국 예일대학의 스탠리 밀그램 교수는 이러한 동조 효과를 실험을 통해 입증했다. 실험 방법은 다음과 같다.

어느 겨울날 오후, 뉴욕 거리 한복판에서 실험자가 인도에 서서 하늘을 올려다본다. 실험에서는 실험자 수를 1명, 2명, 3명, 5명, 10명, 15명으로 바꾸어가며 이를 본 통행인의 반응을 관찰했다. 모든 실험자는 정해진 패턴에 따라 동일하게 행동했다. 이들은 지정된 장소에 멈춰서서 도로 건너편에 위치한 건물 6층의 창문을 60초간 올려다본 다음 사라졌다. 일정 시간이 지나면 다음 실험자가 동일한 장소에서 동일한 행동을 했다. 실험이 진행되는 동안 지나간 통행인의 수는 총 1424명이었다. 실험 결과, 실험자가 1명일 때 멈춰선 사람은 전체 통행인의 4%였고, 실험자가 15명일 때는 40%였다. 그중 실험자를 따라 건너편 건물을 올려다본 사람은 실험자가 1명일 때는 43%, 실험자가 15명일 때는 86%였다. 모두가 주목하는 것에는 자신도 똑같이 반응하게 된다는 동조 효과가 실험을 통해 증명된 것이다.

마찬가지로 2000만 엔 문제에서도 해당 뉴스가 화제가 되고 있다는 사실을 알게 된 사람들이 동조 효과로 인해 그 문제에 주목하게 되었고, 동조하는 사람들이 많아짐에 따라 이번 같은 소동이 일어나게 된 것이다.

다음으로 2000만 엔이라는 숫자가 왜 사람들을 불안하게 만들었는지에 대해 생각해보자. 이것은 바로 앞 챕터에서 설명한 앵커링 효과 때문이다. 앵커링 효과란 선행하는 수치 때문에 이후의 판단이 영향을 받게 되는 것을 뜻한다.

대니얼 카너먼과 아모스 트버스키는 이를 증명하기 위해
다음과 같은 실험을 진행했다. 실험에서는 피실험자들에게
공통적으로 'UN 가입국 중 아프리카 국가들이 차지하는
비율은 어느 정도인가'라는 질문을 했는데, 이 질문을 하기
에 앞서 피실험자 중 절반에게는 '아프리카 국가들이 차지
하는 비율은 65%보다 더 클까 작을까'라고 물었고, 나머지
절반에게는 '아프리카 국가들이 차지하는 비율은 10%보다
더 클까 작을까'라고 물었다. 실험 결과, 65%와 비교한 1번
그룹의 대답은 평균 45%였고, 10%와 비교한 2번 그룹의
대답은 평균 25%였다. 즉 사전 질문에서 제시한 숫자가
앵커가 되어 65%와 비교한 쪽은 10%와 비교한 쪽보다 더
큰 숫자를 답한 것이다.

　　이번 소동에서 2000만 엔이라는 숫자를 처음 보았을 때
모두가 자신이 준비할 수 있는 돈, 즉 예금액을 머릿속에
떠올렸을 것이다. 여기서 자신의 예금액이 앵커가 된다.
　　참고로 후생노동성이 2016년 실시한 국민생활기초조사
에 따르면 일본 국민의 평균 예금액은 1033만 엔이었다.
예금액이 2000만 엔 이상인 세대는 전체의 15% 정도에
불과했다. 즉 전체 세대 중 85%는 실제 저축액이 필요한
수준에 못 미친다는 말이다. 저축액의 2배 가까운 돈이 필요
하다고 느낀 사람들은 불안해질 수밖에 없다.

　　정리하자면 이번 2000만 엔 문제는 예전부터 논란이 이어
져온 연금 문제에 편파 보도 및 여야 대립이 더해지고 사람
들이 동조 효과 및 앵커링 효과의 영향을 받음으로써 필요

이상으로 불안감을 느끼게 된 것이라고 할 수 있다.

경위가 어찌 되었든 이번 소동은 앞으로 이루어져야 할 연금 개혁에 걸림돌이 되었다. 팽창을 거듭하는 현재 연금 수급자에 대한 지급을 줄이지 않는 한 미래 세대의 연금을 확보하는 것은 불가능하다. 이번 소동은 연금 부담과 혜택의 불균형을 해소하기 위한 개혁을 추진하려던 시점에 벌어진 일이었다.

이번 일로 정부는 연금 구조에 문제가 있다는 비난을 피하기 위해 연금 지급 축소를 금기시할 가능성이 높다. 보고서의 중요한 포인트인 자구책 마련에 대해 논의하는 것 자체가 불가능해질 수도 있다.

사실 연금과 관련된 문제는 이뿐만이 아니다. 자구책을 마련하기 어려운 사람도 적지 않다. 일본의 납세자 중 60%는 소득세율이 최저치인 5%, 즉 과세 대상 소득이 195만 엔 이하다. 이런 사람들을 지원하기 위해서는 높은 소득을 얻고 있는 고령자에 대한 연금 지급을 중단하는 등과 같은 개혁이 이루어져야 하는데, 이번 소동으로 인해 필요한 개혁이 미루어질 가능성이 높다. 현재의 공적 연금 제도가 실패가 아니라는 사실을 증명하기 위해서, 또는 비판적인 여론을 잠재우기 위해서 중요한 논의가 멈춰버리는 것이다.

연금 제도에 문제가 있다는 사실은 이미 모두가 눈치채고 있다. 연금만 가지고 안정된 노후를 보낼 수 있으리라고 낙관하는 사람은 거의 없을 것이다. 스스로 자구책을 마련해야 한다는 사실 정도는 다들 알고 있다는 말이다. 이런 사람들은 보고서 내용에 딱히 놀라지 않는다.

이번 소동으로 연금 개혁이 지연되고 자구책 마련을 돕는 정책이 정체되는 등 안 좋은 점이 많지만 좋은 점도 있다. 일련의 소동이 현역 세대에게 자구책 마련을 촉구하는 계기가 되었다는 점이다. 실제로 닛케이신문 보도에 따르면 보고서가 발표된 직후 증권회사의 소액투자 비과세 제도(NISA) 신청이 전월 대비 1.7%, 전주 대비 15% 증가했다. 또 노후 자금 마련 세미나 참가 및 재무 상담 건수도 늘었다. 만약 보고서 관련 뉴스가 대대적으로 보도되지 않았다면 이런 일은 일어나지 않았을 것이다.

'노후 자금 2000만 엔 부족'이라는 문구도 내용의 사실 여부를 떠나서 시청자의 이목을 끄는 데 큰 역할을 했다. 금융 광고 및 마케팅 업계에서 20년간 종사해온 경험을 바탕으로 말해보자면 금융 광고로 주목을 끌기는 매우 어렵다. 하물며 사람들로 하여금 세미나에 참가하는 등 구체적인 행동에 나서게 만드는 것은 말할 것도 없다. 왜냐하면 금융 상품은 자동차, 맥주, 화장품 등 일반적인 소비재와는 성격이 전혀 다르기 때문이다.

미국마케팅협회의 정의에 따르면 마케팅이란 '고객, 의뢰인, 파트너, 사회 전체에 가치 있는 제공물을 창조, 전달, 배달, 교환하기 위한 활동 및 제도 또는 프로세스'를 의미한다. 즉 상품의 가치를 전하는 것이 출발점이라고 할 수 있다. 그러나 금융 마케팅의 경우 이것만으로는 부족하다. 긍정적인 가치를 소구하는 동시에 부정적인 요소를 극복할 수 있어야 한다.

예를 들어 노후 자금 마련을 위한 투자 상품이라면 당연히 소비자에게 안정적이고 유리한 상품이라는 점을 알릴 필요가 있다. 다만 이러한 긍정적인 소구만으로는 소비자를 움직이기 어렵다. 상품을 검토할 때는 자신이 은퇴 후 노인이 된 상황을 가정해야 하며, 투자 상품이라면 향후 시장 상황에 따라 소중한 돈이 줄어들 가능성도 충분히 고려해야 한다. 이런 불안감이나 위기감 같은 부정적인 요소는 금융 상품이라면 피해갈 수 없는 부분이다.

하지만 사람들은 안 좋은 일은 생각하고 싶어 하지 않기 때문에 판단을 미룬다. 그렇게 되지 않도록 금융 마케팅에서는 소비자의 불안감을 없애거나 극복할 수 있는 방법을 제시할 필요가 있다. 불안감이 해소되어야 비로소 소비자는 행동에 나서게 된다.

이를 위해서는 상당한 노력이 필요하다. 이번 소동은 현역 세대로 하여금 노후에 대비해 아무것도 하지 않을 경우 감수해야 하는 리스크에 대해 생각하게 만들었다. 누구라도 '노후 자금 2000만 엔 부족'이라는 말을 들으면 이에 대해 진지하게 고민하게 될 수밖에 없다. 게다가 이 문구에는 현실성을 더해주는 구체적인 숫자가 포함되어 있다. 그 결과, 많은 사람들이 이 문제를 더 이상 뒤로 미루지 않고 행동에 나선 것이다.

결과적으로는 보고서에서 주장하는 자구책 마련 촉진이 원래 의도했던 관이 주도하는 형태가 아니라 국민 스스로가 주도하는 형태로 이루어졌다고도 볼 수 있다. 이제 남은 과제는 이러한 움직임이 멈추지 않고 더욱 확대되어 나갈 수 있도록 정책적인 뒷받침이 이어져야 한다는 것이다.

지금까지 미뤄온 사람이 있다면 이번 기회에 한번 움직여 보는 것을 추천한다. 2000만 엔이나 준비하는 것은 불가능하다고 지레 겁먹고 포기한 사람도 많을 것이다. 우선은 앵커링 효과를 염두에 두고, 현재 자신의 예금액이라는 앵커를 머릿속에서 지우는 것부터 시작해보자. 예금액은 실제로 퇴직할 때까지 더 늘어날 수 있기 때문이다.

애초에 이번 조사는 개인이 2000만 엔을 준비해야 한다는 말을 하기 위한 것이 아니었다. 우선은 앞서 설명한 바와 같이 필요 이상으로 불안감을 조장하는 요인을 하나씩 제거해가는 것이 중요하다. 그런 다음 다시 한번 자신만의 계획을 세워보면 좋을 것이다.

3장 마무리

○ 내 집 마련을 선호하는 일본인의 성향이 반드시 옳다고 볼 수는 없다. 주택을 구입하는 것 외에도 수많은 선택지가 존재하는 만큼 구입 여부나 주택 담보 대출에 따르는 리스크 등을 충분히 고민해서 판단할 필요가 있다.

○ 확실한 것을 선호하는 심리 때문에 사람들은 보험에 가입한다. 우선은 이러한 심리가 작동하는 원리를 이해해야 한다. 보험에 가입하는 것은 필수가 아니다. 보험의 필요성을 충분히 고려한 후 가입 여부를 결정하는 것이 좋다.

○ 인간의 뇌는 신속한 판단과 신중한 판단이라는 2가지 시스템을 조합해서 의사 결정을 내린다. 이 과정에서 오류가 발생하면 그것이 심리적인 약점으로 작용하기도 한다. 소비자 입장에서는 이러한 메커니즘을 이용한 기업의 상술에 휘둘려 잘못된 판단이나 결정을 내리게 될 수 있으므로 주의해야 한다.

○ 노후 자금 문제는 지금까지도 종종 화제가 되었고 뉴스에서도 자주 보도되는 편이다. 여기서 중요한 것은 보도 내용의 진실 여부를 따지는 것이 아니라 실제로 이 문제를 해결하기 위한 구체적인 행동에 나서는 것이다.

Chapter

04

지금보다 조금 더 나은 세상으로 : 행동경제학과 사회

꾸준히 저축하는 사람이 늘어나는 것은 본인
에게는 물론 사회적으로도 좋은 일이다. 사회
를 구성하는 개개인의 심리를 자극해서 더
나은 사회를 만들고자 하는 것이 바로 넛지다.
개인과 조직, 사회의 관계에서는 수많은 불합
리한 일들이 일어나며, 이러한 문제를 해결하
기 위해 개인의 도덕심에 기대야 하는 경우도
적지 않다.

4장에서는 개인과 조직, 사회의 관계를 행동
경제학의 관점에서 재조명하고, 보다 나은
관계를 구축하기 위해 필요한 것은 무엇인지
살펴본다.

가진 돈은
다 써버리던 사람들이
저축을 하게 된 이유

　노벨경제학상 수상자인 리처드 탈러가 쌓은 공적은 다방면에 걸쳐 있는데, 그중에서도 특히 사회에 공헌한 점이 높은 평가를 받았다. 1장에서 설명한 '넛지'는 실제 사회에서 다양한 과제를 해결하는 데 활용되고 있다.

　대표적인 예로 근로자의 퇴직 후 자금 마련을 위한 적금 가입 촉진 방안을 들 수 있다. 미국에서는 과거 이용자가 적었던 확정갹출형 연금의 가입률과 가입 금액을 늘리기 위한 프로젝트에 넛지가 활용되고 있다. '저축 상품 자동 가입 시스템'과 'SMarT(Save More Tomorrow: 내일은 더 저축하자) 프로그램'이라는 2가지 정책을 통해서다.

　사실 미국의 확정갹출형 연금은 많은 장점을 가지고 있다.

우선 가입 금액에 대해 세금 우대를 받을 수 있다. 또 근로자가 내는 금액의 일부는 고용주가 부담한다. 말하자면 공짜로 받을 수 있는 돈인 것이다. 개중에는 가입 신청을 하기만 하면 이러한 혜택을 누릴 수 있는 상품도 있다.

그럼에도 불구하고 지금까지 확정갹출형 연금에 가입하는 사람은 많지 않았다. 주된 이유는 귀찮음이다. 연금 가입 절차는 다소 번거로울 수 있다. 급여에서 공제되는 갹출금 비율을 정하고 그 돈을 어느 펀드에 넣을지 정해야 한다. 이런 과정이 귀찮아서 중간에 신청을 포기하는 사람이 많았던 것이다.

가입자가 늘지 않은 가장 큰 원인은 바로 '아무것도 하지 않으면 가입이 안 되는 구조'에서 찾을 수 있다. 귀찮아서 뒤로 미루는 사람이나 좀처럼 결정을 하지 못하는 사람들은 신청 절차를 마치지 않은 상태에서 시간만 흘려보내게 된다.

이 문제는 자동 가입 방식으로 바꾸면 해결할 수 있다. '아무것도 하지 않으면 정해진 비율로 정해진 펀드에 자동으로 가입하게 되는 구조'로 바꾸는 것이다. 최초 가입률이 20%, 3년 후 가입률이 65%였던 한 사업장에서는 자동 가입 방식으로 변경한 후 연금 가입률이 최초 가입률 90%, 3년 후 가입률 98%까지 증가했다.

이렇게 해서 초기 단계에 성공하더라도 이후 사람들이 연금을 해지하거나 위험한 자금 운용으로 손실이 나면 곤란하다. 그래서 기존에 정해진 디폴트 가입 조건에서는 갹출 비율을 급여의 2~3% 정도로 낮게 설정하고, 운용면에서도 보수적인 투자 방식을 취했다.

이렇게 되면 또 다른 문제가 발생한다. 지나치게 보수적인 투자 방식으로는 충분한 노후 자금을 확보할 수 없기 때문이다.

그래서 만들어진 것이 'SMarT 프로그램'이다. SMarT 프로그램은 간단히 말해 갹출 비율을 자동 인상하는 방식으로, 급여가 인상될 때마다 미리 설정해둔 비율에 따라 갹출금도 함께 인상된다. 인상되는 갹출금이 급여 인상분보다 더 커지지 않도록 설정되어 있기 때문에 실수령액이 전보다 더 적어지는 일은 발생하지 않는다. 갹출 비율을 인상하고 싶지 않은 경우에는 신청만 하면 된다. 실제로 SMarT 프로그램을 도입한 결과, 처음에는 3.6%였던 갹출 비율이 약 4번의 급여 인상을 거쳐 13.6%까지 상승한 경우도 있었다.

이와 같은 확정갹출형 연금 가입 촉진 방안은 넛지의 대표적인 성공 사례라고 할 수 있다. 연금 가입자가 증가한 배경에는 행동경제학 법칙을 활용한 심리 분석이 깔려 있다.

우선 자동 가입 방식이 효과를 거둔 것은 '프레이밍 효과' 때문이다. 프레이밍 효과란 같은 내용이라 하더라도 보여주는 방식이나 표현을 바꾸면 받아들이는 인상이 달라지는 심리 작용을 가리킨다. 질문 방식이나 제시 방식, 즉 프레임에 따라 의사 결정이 바뀔 수도 있다는 것이다. 하지만 정작 본인은 자신의 결정이 프레임에 좌우된다는 사실을 인식하지 못하는 경우가 대부분이다.

앞서 1장에서 같은 돈이라도 입수 방식이나 용도에 따라 느끼는 가치가 달라지는 심리적 회계에 대해 설명한 바 있다. 심리적 회계란 다시 말해 돈에 관한 프레이밍 효과인 것이다. 마찬가지로 1장에서는 초기값 효과에 대해서도 살펴보았다. 초기값 효과란 디폴트, 즉 초기값 설정이 이후 사람들의 선택에 영향을 미친다는 내용이다. 이것 역시 프레이밍의 일종이라고 할 수 있다.

확정갹출형 연금 가입을 촉진하기 위해 도입한 자동 가입 방식은 바로 이 초기값 효과를 이용한 것이다. 이에 따라 가입자가 일일이 선택하지 않더라도 기존에 정해진 갹출 비율로 기존에 정해진 펀드에 자동으로 가입이 이루어지게 된다.

SMarT 프로그램의 가장 큰 장점 중 하나는 급여 인상으로 증가한 수입을 사용하지 않고 저축하게 만들었다는 것이다. 급여 인상분을 저축하는 것이 어려운 이유는 3장에서 설명한 시간 선호 때문이다. 사람들은 즉시 받을 수 있는 보상에 더 높은 가치를 느낀다. 이처럼 미래의 이익보다 눈앞의 이익을 우선시하는 현상을 다른 말로 '현재 지향 편향'이라고 한다. 현재 지향 편향의 영향을 받으면 급여 인상분은 바로 사용하고 싶어진다. 이런 상황을 피하기 위해 SMarT 프로그램에서는 3장에서 소개한 해석 수준 이론을 활용했다.

해석 수준 이론에 따르면 사람들은 심리적 거리가 먼 대상에 대해서는 보다 본질적인 상위 요소에 주목하게 된다. SMarT 프로그램을 시작하는 사람들의 심리는 어떨까? 이들에게 급여 인상은 시간적으로도 심리적으로 먼 미래의 일이다. 따라서 미래의 급여 인상분에 대해서는 낭비하지 않고 저축해야겠다는 이성적인 판단을 내리는 것이 가능하다.

만약 그 돈을 현재 가지고 있다면 이성적인 사고가 불가능할 것이다. 참지 못하고 원하는 물건을 사버릴지도 모른다. 이 점을 고려해 연금 가입 시점에 미래의 판단을 미리하게 함으로써 결과적으로 갹출금을 늘리는 효과를 거두게된 것이다.

자동 가입 방식과 SMarT 프로그램을 통해 연금 가입자는 돈을 모을 수 있는 기반을 손에 넣게 된다. 이후에는 1장과 2장에서 소개한 현상 유지 편향이 도움이 된다. 현상유지 편향이란 변화로 인한 손실을 피하기 위해 현재 상태를 유지하고자 하는 편향이다. 이에 따라 연금 가입자는 한번 설정한 연금 조건을 굳이 바꾸려 하지 않게 된다. 현상유지 편향이 긍정적으로 작용하는 경우라고 할 수 있다.

지금까지 미국의 사례를 살펴보았다. 그렇다면 일본은어떨까?

'에도 사람은 내일 쓸 돈을 남겨두지 않는다'는 말이 있다. 17~19세기 에도 시대에는 돈을 모아두는 것을 촌스러운행위라고 여겼고, 실제로 당시 저축을 하는 사람은 거의 없었다. 일본인이 원래부터 저축에 적극적이었던 것은 아니라는 말이다.

이러한 사회 풍조가 바뀌게 된 계기는 메이지 유신이었다. 새로운 일본이라는 나라를 만드는 과정에서 정부가 나서서저축을 장려하기 시작한 것이다. 우체국에서 금융 상품을취급하는 영국의 제도를 참고해 1875년부터는 일본에서도우체국 저축 상품이 판매되기 시작했다. 저축보다는 소비를우선하는 에도 시대의 습관이 아직 남아 있었기 때문에 이

제도가 정착되기까지는 많은 시간이 걸렸다. 이를 해결하기 위해 정부가 나서서 예금 금리를 올리고 지역 유지를 우체국장에 임명하는 등 다양한 방법이 시도되었다.

이후 근대화를 추진하는 과정에서 일본은 공업 중심으로 산업이 재편되고, 헌법 제정 및 러일전쟁 승리 등을 거치며 열강의 반열에 들어서게 된다. 그리고 제2차 세계대전 발발을 앞둔 1938년에는 국가총동원법이 제정된다. 정부가 전국의 인적 물적 자원을 통제하고 운용할 수 있게 된 것이다. 러일전쟁 때는 영국이나 미국에 국채를 발행해 군비를 조달했지만 이번에는 국민들에게 기대는 수밖에 없었다. 정부 재원을 마련하기 위해 1939년 전 국민으로부터 일정 금액을 공제하는 강제 저축 제도가 시작되었고, 1940년에는 원천징수 제도가 마련되었다. 국민들로부터 확실하게 돈을 거두어들이기 위한 방법으로 공제 제도가 자리잡게 된 것이다.

제2차 세계대전이 끝난 후에도 일본 정부는 전후 복구 자금을 확보하기 위한 구국 저축 운동을 전개해 저축은 미덕이라는 개념을 전 국민에게 침투시켰다. 전국의 초·중학교에서 어린이 은행 제도를 추진하는 등 교육 기관까지 끌어들여 사람들로 하여금 저축을 하게 만들었다. 결국 일본인의 저축 습관은 근대화 과정에서 정부에 의해 만들어진 것이라고 할 수 있다.

이리하여 전후 일본은 저축률이 매우 높은 나라가 되었다. 1975년에는 저축률이 23.1%을 기록해 일본인은 저축을 좋아한다는 인상을 심어주기에 이르렀다. 그러나 2017년 일본의 저축률은 독일 9.9%, 미국 6.7%보다 낮은 4.2%에 그쳤다. 저축률이 낮아진 주된 원인은 저성장 시대에 가처분 소득이 줄었기 때문이다(주 4-1).

　장래에 대비한 저축을 전혀 하지 않는 일본인은 계속 늘고 있다. 이것은 바람직한 상황이 아니다. 하지만 일본에는 SMarT 프로그램이 존재하지 않는다. 저축이 필요하다는 사실은 다들 알고 있지만 저축을 할 수 있는 상황이 아니라는 점이 문제다. 그렇다면 IT 기술에 기반한 새로운 금융 서비스 '핀테크'를 활용할 수 있다.

　핀테크 중 가장 대표적인 것이 바로 '잔돈 저금'이다. 잔돈 저금은 신용카드 등으로 물건을 구입할 때마다 미리 설정한 조건에 맞추어 자동으로 일정 금액을 저금하는 시스템이다. 이를 위해서는 우선 스마트폰에 해당 앱을 설치해야 하는데, 기준 금액은 1천 원, 5천 원, 1만 원 등 자유롭게 설정할 수 있다. 예를 들어 2800원짜리 커피를 구입했다면 1천 원으로 설정한 경우에는 200원, 5천 원으로 설정한 경우에는 2200원, 1만 원으로 설정한 경우에는 7200원을 저금하게 되는 것이다. 어차피 쇼핑 후 남은 금액이기 때문에 크게 고민하지 않고 바로바로 저금할 수 있다는 것이 장점이다. 비슷한 방식으로 저금 대신 투자를 하는 '잔돈 투자'라는 것도 있다(주 4-2).

　그 외에 독특한 저축 방식으로 '걷기 저금'이라는 것이 있다. 예를 들어 '하루에 5천 보 이상 걸었으면 5천 원 저금', 또는 반대로 '하루에 5천 보 미만으로 걸었으면 5천 원 저금'이라고 설정해두고 이 설정에 따라 저금을 하는 것이다. 돈을 모으면서 건강도 챙길 수 있으니 일석이조인 셈이다(주 4-3).

'체크인 저금'이라는 것도 있다. 헬스장이나 학원 등 미리 등록해둔 장소에 가까이 가면 자동으로 일정 금액을 저금하게 되는 것이다. 운동이나 학습 등 자신의 노력이 통장에 반영되기 때문에 좋은 동기 부여가 된다(주 4-4).

'나머지 저금'이라는 것도 있다. 1달 동안 카드로 결제한 금액이 미리 설정해둔 예산보다 적으면 그 차액을 저금함으로써 절약한 결과가 통장에 반영되도록 한 것이다.

모두 스마트폰에 앱을 설치하고 몇 가지 설정만 해두면 쉽게 이용할 수 있는 것들이다. 설정이나 사용 방법은 전혀 어렵지 않다(주 4-5).

이것 역시 일상생활에 행동경제학 지식을 접목시킨 예라고 할 수 있다. 예를 들어 잔돈 등을 직접 눈으로 확인하지 않고 통장에 자동으로 입금되게 함으로써 가진 돈을 쓰고 싶어지는 현재 지향 편향에서 벗어날 수 있다.

이용자가 앞으로 얼마를 저축할지 사전에 미리 설정해두는 저축 상품도 있다. 해석 수준 이론에 따라 심리적으로도 시간적으로도 먼 미래에 대해서는 보다 상위에 해당하는 본질적인 차원에서 판단할 수 있기 때문이다.

일단 시작하기만 하면 설정을 바꾸지 않는 한 계속되는 시스템이라는 점에서 현상 유지 편향과도 관계가 있다. 게다가 모두 일상생활 속에서 자주 하는 행동들이고, 누구나 쉽게 시작할 수 있는 방법인 만큼 미래의 생활 자금을 마련하기 위한 자구책으로 한 번쯤 고려해볼 만하다.

자구책 마련에 관해서는 정부 차원에서도 더 노력할 필요가 있다. '저축 대신 투자'라는 슬로건은 이미 한물갔다는 평가를 받고 있으며, 과거처럼 정부 차원에서 무언가를 강제하는 것은 더 이상 불가능할 뿐만 아니라 연금 2000만 엔 문제에서 알 수 있듯이 정부에 대한 국민의 불신도 상당하다. 그렇기 때문에 미국의 넛지 성공 사례를 참고삼아 현지 사정에 맞는 시스템을 구축할 필요가 있다. 정부가 국민의 자구책 마련을 강제하는 것이 아니라 자연스러운 형태로 도와야 한다는 것이다.

단, 여기서 주의할 점이 2가지 있다. 하나는 '슬러지(Sludge, 진흙)'을 피하는 것이다. 슬러지는 간단히 말해 나쁜 넛지다. 인간의 심리적 편향을 악용해 본래 목적에서 벗어난 방식으로 사람들을 속여 부당한 이익을 취하는 행위를 가리키는 말로, 한번 시작하면 해지하기 어려운 계약 등이 이에 속한다.

다른 하나는 넛지가 국민을 컨트롤하기 위한 수단이 아니라는 점을 제대로 이해하는 것이다. 넛지를 활용할 때는 '자유주의적 개입주의'라는 개념을 기억해야 한다. 자유주의적 개입주의란 권력을 사용해 강제하지 않고 개개인의 선택의 자유를 빼앗지 않는 범위 내에서 유익한 행동을 하도록(또는 유해한 행동을 하지 않도록) 유도하는 것이다. 무슨 일이 있어도 여기에서 벗어나서는 안 된다.

자유주의적 개입주의에 입각해 머리로는 알고 있지만 몸이 따라주지 않는 사람들을 올바른 길로 인도하는 것이 넛지다. 넛지와 관련된 정책이나 제도에 관여하는 사람이라면 무엇보다 이 점을 제대로 이해할 필요가 있다. 정책을 만들고 운용하는 사람이 '강제하지 않는다'는 넛지의 정신을 제대로 이해하고 있지 않으면 큰 효과를 기대하기 어렵다.

가진 돈은 다 써버리던 사람들이 저축을 하게 된 이유

자유로부터 도망치는
프리랜서의 심리

특정 기업이나 단체에 속하지 않고 독립적으로 일하는 프리랜서는 더 이상 낯선 존재가 아니다. 내각부가 2019년 발표한 조사에 따르면 일본의 프리랜서 인구는 341만 명이다. 이것은 개인 사업자뿐 아니라 법인을 설립한 1인 기업 대표도 포함한 숫자로, 전체 취업인구 6000만 명 중 약 5%에 해당한다(주 4-6).

크라우드소싱 운영회사 랜서즈도 이와 비슷한 조사를 실시한 바 있다. 여기서는 프리랜서의 범위를 더 넓게 보아 '1년 이내에 업무 위탁을 받은 적이 있는 단발성 업무 경험자'라고 정의했기 때문에 결과는 1090만 명에 달했다(주 4-7). 다만 최근 5년 동안의 데이터를 살펴보면 일본의 프리랜서

인구는 913만 명, 1064만 명, 1122만 명, 1119만 명, 1090만 명으로 큰 변화 없이 비슷한 수준을 유지하고 있으며, 오히려 약간 감소했다는 사실을 알 수 있다.

세간에서는 일할 사람이 부족하다는 말이 심심찮게 들리고, 일하는 방식도 다양해지고 있다. 데이터 입력 등 단순 작업이 가능한 사람이나 전문가 수준의 조언이 가능한 사람을 기업과 연결해주는 서비스 등 새로운 형태의 인재 소개 서비스도 속속 등장하고 있다. 또 직원의 부업을 인정하는 회사도 늘고 있으며, 프리랜서로 독립한 직원에게 회사가 업무를 위탁하는 경우도 있다. 그런데 왜 프리랜서 인구는 생각만큼 늘어나지 않는 것일까?

현대 사회에서는 개개인의 업무 방식이 매우 다양해졌다. 한편 건강 수명이 늘어나면서 일하는 기간은 점점 더 길어지고 있다. 그렇다면 기업의 수명은 어떨까. 일본에서는 1983년 경제 주간지 『닛케이 비즈니스』가 발표한 '회사의 수명은 30년'이라는 주장이 지금까지 업계의 정설로 받아들여졌다. 도쿄상공리서치가 조사한 바에 따르면 2017년에 도산한 기업의 평균 수명은 23.5년이었다.

현재는 기업들의 수명이 과거보다 더 짧아지고 있다. 특히 미국에서는 기업의 평균 수명이 1955년에는 75년이었던 데 반해 2015년에는 15년으로 대폭 줄어들었다. 기술이 진화하고 소비자 니즈가 다양해지는 등 비즈니스 환경이 급격하게 변화한 것이 가장 큰 원인으로 지목된다. 일본의 상황도 크게 다르지 않다. 앞으로 기업의 수명은 점점 더 짧아질 것으로 예상된다.

이에 따라 고용 관계도 변하고 있다. 일본경제단체연합회(게이단렌) 나카니시 히로아키 회장은 '종신 고용은 한계에 다다랐다'고 언급했으며, 토요타자동차 토요다 아키오 사장은 기자 회견에서 '종신 고용을 유지하는 것은 어렵다'고 밝혔다. 일본을 대표하는 기업이 앞으로는 회사가 직원을 지켜줄 수 없다고 선언한 것이다. 회사가 직원을 평생 책임지고, 직원은 회사에 평생 충성하는 관계는 더 이상 찾아보기 어렵게 되었다.

이런 상황에서 주목할 만한 책이 바로 런던비즈니스스쿨 교수인 린다 그래튼과 앤드류 스콧이 쓴 『100세 인생』이다. 이 책에는 미래의 삶과 일하는 방식에 대한 힌트가 담겨 있다(주 4-8). 인간의 수명이 점점 늘어나면서 머지않아 인생 100세 시대가 열릴 것이다. 인생의 전환점이 지금과는 전혀 다른 형태로 나타나는 멀티 스테이지 인생에서는 지금까지처럼 '교육 ··· 일 ··· 은퇴'라는 획일적인 삶의 방식을 유지하기가 어려워진다. 이 책에서는 은퇴 후에 남아 있는 긴 시간을 위해 돈뿐만 아니라 건강이나 인간관계 등을 챙길 필요가 있다고 강조한다. 100세 시대에 우리가 참고할 수 있는 롤 모델이나 정형화된 패턴은 존재하지 않는다. 각자가 변신과 실험을 거듭하는 수밖에 없다. 그것이 앞으로는 가장 일반적인 삶의 방식이 될 것이다.

회사가 직원의 인생을 책임져주지 못하고 수명은 계속해서 늘어난다면 회사에 의지하지 않는 프리랜서가 늘어나는 것이 자연스럽다. 그런데 실제로는 프리랜서가 증가하지 않는 것은 어째서일까?

　우선 프리랜서는 수입이 불안정하고 고용 보험이나 산재 보험이 적용되지 않는 등 노동 환경이 열악한 편이다. 또 고용주와의 관계에서 상대적으로 을의 위치에 놓이다 보니 공정한 수입을 얻지 못하는 경우도 많다. 정규직에 비해 신용도가 낮아 금융 기관에서 대출을 받기 어렵다는 단점도 있다. 이런 환경적인 요소도 무시할 수 없지만 반드시 이것 때문만이라고 보기는 어렵다. 프리랜서가 늘어나지 않는 진짜 이유는 무엇일까? 또 프리랜서가 잘 맞는 사람은 어떤 사람일까?

　이 질문에 대한 답을 하기 전에 우선 회사에 대한 인식이 연령별로 어떻게 다르게 나타나는지 살펴볼 필요가 있다.

　20~30대는 원래부터 회사에 의지하지 않고 독립적인 성향이 강한 편이다. 대기업에서 일하더라도 평생 걱정 없이 살 수 있으리라고 생각하는 사람은 거의 없다. 그리고 생활면에서는 지출을 최대한 줄인다. 뼈 빠지게 일해서 돈을 많이 벌기보다는 본인의 가치관이나 라이프스타일을 중시하는 경향을 보인다. 회사가 인생을 책임져주지 않으니 언젠가 독립해서 자신의 삶을 스스로 책임지게 될 경우를 늘 염두에 두는 편이다.

　하지만 사실 소위 '유토리(여유) 세대'라고 불리는 20~30대는 저출산으로 인구 자체가 많지 않기 때문에 기업 입장에서는 가장 일손이 부족한 연령대다. '일할 사람이 부족하다'는 말은 정확히는 '일할 청년이 부족하다'는 뜻이라고 볼 수 있다. 그래서 기업은 연공서열을 폐지하고 대졸 초임을 인상하는 등 청년층 인재를 확보하기 위한 움직임에 나서고 있다.

반면 '단카이 주니어 세대' 또는 '거품 세대'라고 불리는 40~50대는 상황이 다르다. 이 나이대는 육아나 교육에 돈이 많이 들어갈 뿐만 아니라 개호보험(한국의 노인장기요양보험에 해당, 40세부터 보험료를 납부하기 시작한다 – 옮긴이 주) 가입으로 금전적 부담이 늘어나는 시기다. 현재 이들 중장년층은 필요한 시기에 급여가 충분히 오르지 않는 경우가 많고, 앞으로도 인상될 가능성은 낮은 편이다. 즉 회사에 소속되어 있어도 별다른 메리트가 없는 것이다. 하지만 젊은 층과 달리 회사에 기대하고 의존하는 경향이 강하고, 그렇기 때문에 변화를 두려워하고 보수적인 태도를 취하기 쉽다.

하지만 우리는 당장 눈앞에 놓인 상황에만 주목할 것이 아니라 장기적인 리스크까지 고려해야 한다. 100세까지 사는 데 부족함이 없는 생활비, 의료비, 유흥비 등을 이미 확보한 사람이나 정년까지 열심히 일하기만 하면 그 정도 금액을 확보할 수 있는 사람은 문제가 없다. 만약 그렇지 않다면 어떤 형태로든 자립할 필요가 있다. 자신이 회사에 기대어 살아갈 수 있는 기간이 어느 정도 되는지 정확히 인식하고, 이후의 인생에 필요한 장기 계획을 미리미리 준비해두어야 하는 것이다.

가장 먼저 해야 할 일은 자신이 회사에 기대어 살아가고 있다는 사실을 자각하는 것이다. 그리고 회사에 기대지 않고도 살아갈 수 있도록 스스로를 변화시켜야 한다. 자신이 지닌 기술과 경험을 전체적으로 재점검해서 살릴 것과

버릴 것을 정리할 필요가 있다. 회사라는 명함 덕분에 가능했던 일은 다른 곳에서는 똑같이 하기 어려울 가능성이 높다. 특히 순조롭게 인상되던 급여 등 과거의 좋았던 기억은 잊어버리는 편이 좋다. 앞으로는 오로지 스스로의 능력을 기준으로 평가받게 될 것이다.

개중에는 과거의 좋았던 기억을 잊지 못하거나 지금까지의 생활 방식을 바꾸고 싶지 않다고 생각하는 사람도 있을지 모른다. 변화를 거부하는 것은 현상 유지 편향 때문이다. 변화가 두려운 나머지 지금까지 해보지 않은 일은 시도조차 하지 않으려고 하는 것이다. 이것은 합리적인 판단이라고 보기 어렵다.

여기서 한발 나아가 현재 상태를 바꾸고자 하는 의지가 생겨났다고 가정해보자. 예를 들어 프리랜서로 전향하겠다고 마음을 굳혔다면 어떨까? 앞날을 예상하고 계획하는 과정에서 때로는 불안해지기도 할 것이다. 가장 큰 문제는 돈이다. 프리랜서가 느끼는 대표적인 불안 요소 중 하나가 바로 경제적인 문제라는 점을 염두에 두고 철저한 준비와 강한 정신력으로 불안감을 잠재울 필요가 있다.

금전적인 면을 잘 해결하더라도 여전히 또 다른 불안 요소가 존재한다. 바로 집단에 귀속되어 있다는 안정감을 얻을 수 없다는 점이다. 이것은 보통 본인도 잘 의식하지 못하는 무의식 속 불안이라는 형태로 나타나는 경우가 많다. 프리랜서가 되면 익숙한 사람들과 함께 일하던 회사를 떠나게 되는데, 이처럼 회사라는 집단을 떠난다는 사실에 인간은 강한 불안을 느낀다. 인간은 집단을 선호하는 동물이기 때문이다. 기본적으로 무리를 이루고자 하는 본능이 있고, 주위에 맞추어 살아간다. 집단에 속해 남들과 같은 행동을 한다는 사실에 안심하고, 집단에서 떨어져나오는 것에 불안함을 느낀다. 이러한 심리에 기인해 나타나는 행동을 '양떼 효과'라고 한다. 3장에서 설명한 '동조 효과'와 비슷한 개념이다.

미국의 심리학자 솔로몬 애쉬는 집단의 영향력을 증명하는 실험을 진행했다. 카드에 그려진 선의 길이를 맞추는 실험이었다. 제시된 기준선과 길이가 같은 선을 보기 중에서 고르는 것이다. 보기로 주어진 3개의 선은 길이가 확연히 다르기 때문에 누구든지 쉽게 답을 맞출 수 있는 문제였다[그림 4].

A와 길이가 같은 선을 고르시오.

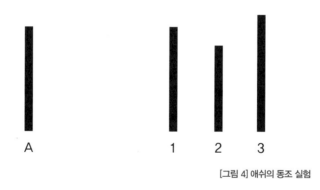

[그림 4] 애쉬의 동조 실험

실험에서는 피실험자가 대답하기에 앞서 다른 사람들이 먼저 답을 하도록 했는데, 이 중에는 바람잡이도 섞여 있었다. 바람잡이는 피실험자가 보는 앞에서 명백하게 틀린 답을 골랐다. 실험 결과, 바람잡이가 없는 상태에서는 피실험자 중 99%가 정답을 맞혔지만, 바람잡이가 틀린 답을 한 경우에는 정답률이 대폭 낮아졌다. 바람잡이가 참가한 총 12번의 실험에서 피실험자 중 75%는 최소 1번 이상 틀린 답을 골랐다. 정답을 바로 알 수 있는 문제인데도 주위에 동조해서 틀린 답을 고른 것이다.

이 실험을 통해 인간은 누가 강제하지 않더라도 스스로 동조 압력을 느껴 주위에 맞추고자 한다는 사실을 알 수 있다. 집단의 일원으로서 모두와 같은 행동을 하면 안심이 되고, 반대로 집단에서 떨어져나오면 불안해진다. '내집단 편향'이 사람의 심리에 영향을 미치기 때문이다. 심리학에서는 자신이 속한 집단을 '내집단', 그 외 집단을 '외집단'이라고 부른다. 내집단 편향이란 내집단 구성원을 외집단 구성원보다 우대하거나 편애하는 경향을 뜻한다. 반대로 외집단에 대해서는 내집단보다 안 좋은 평가를 내리게 된다. 내집단을 떠나 외집단으로 이동한다는 것은 지금까지와는 180도 다른 상황에 놓이게 된다는 것을 의미하며, 사람들은 이 사실에 저항감을 느낀다.

영국 브리스톨대학의 헨리 타이펠 교수는 이를 입증하기 위해 '최소 집단 실험'을 진행했다(주 4-9).

우선 실험에 참가한 학생들에게 수많은 점이 찍힌 화면을 순간적으로 보여주고 점의 개수를 답하게 했다. 그리고 점의 개수를 많게 답한 그룹과 적게 답한 그룹으로 나누겠다고 한 다음, 본인이 속한 집단(내집단)과 상대 집단(외집단)에 돈을 분배하도록 했다. 참가자들에게는 야구 경기의

점수판처럼 생긴 배분표가 주어졌으며, 내집단이 1이라면 외집단은 14, 내집단이 2라면 외집단은 13이라는 식으로 1에서 14까지 서로 반비례하는 숫자를 적는 방식이었다. 내집단이 14라면 외집단은 1이 된다. 따라서 가장 공평한 방법은 내집단과 외집단에 똑같이 7.5를 주는 것이다.

사실 이 실험에는 한 가지 트릭이 숨어 있다. 실험 초반에 참가자들에게는 점의 개수에 따라 그룹을 나누겠다고 했지만, 실제로는 점의 개수와 상관없이 무작위로 그룹을 나누었다. 즉 그룹 구성원 간에는 아무런 공통점이 없었던 것이다. 그럼에도 불구하고 실험 결과 참가자들은 내집단에 더 높은 숫자를 적은 것으로 나타났다. 참가자들이 내집단에 적은 숫자의 평균은 9.2였다.

이것은 곧 자신이 속한 내집단에 유리하도록 행동했다는 것을 의미한다. 즉 '내집단 편향'이 작용한 것이다. 인간은 기본적으로 내집단에 동질감을 느끼고 자기편을 편애하는 한편, 외집단은 배척하는 경향을 보인다. 내집단에서 이탈한 사람 역시 외집단이라고 할 수 있다.

내집단 편향은 회사를 그만두고 프리랜서가 되는 데 걸림돌로 작용한다. 외집단으로 옮겨가는 것이 불안한 나머지 무의식적으로 퇴사를 주저하게 될지도 모른다. 실제로는 집단에서 떨어져나오는 것이 불안할 뿐인데 그 사실을 인정하기 싫어서 사람들은 무의식중에 퇴사하지 않아도 될 이유를 찾게 된다. 회사를 그만둘 필요가 없다는 사실을 입증함으로써 스스로를 안심시키고자 하는 것이다. 이와 같은 무의식 속 불안도 프리랜서가 증가하지 않는 중요한 원인 중 하나일 수 있다.

집단과 개인의 관계에 대해서는 과거부터 다양한 연구가 진행되었다. 이를 통해 알게 된 사실 중 하나가 바로 '인간은 자유롭지 못한 상태를 굳이 선택하는 경향이 있다'는 것이다. 사람의 마음속에는 마치 자유로부터 도망치듯 자진해서 조직에 속박당하고 싶어 하는 심리가 존재한다. 이에 대해서는 저명한 심리학자 에리히 프롬의 명저 『자유로부터의 도피』에서 자세히 다루고 있다. 이 책에서 설명하는 인간 심리를 간단히 요약하면 다음과 같다(주 4-10).

예로부터 사람들은 속박에서 벗어나기를 원했다. 유럽에서는 치열한 싸움 끝에 사람들이 중세의 속박에서 풀려나 자유를 손에 넣게 된다. 그러나 예상과는 달리 모두가 행복해지지는 않았다. 지금까지 의지해온 권위가 사라지자 사람들은 고독감과 허무감에 시달렸고, 마음의 안정을 되찾기 위해 다시금 의지할 대상을 찾았다. 이러한 마음의 빈틈을 노리듯 새로운 권위가 등장했다. 사람들은 기다렸다는 듯 다시 이를 믿고 의지하게 되었다.

에리히 프롬은 독일의 유대인 가정에서 태어났다. 처음에는 독일에서 연구 활동을 했지만, 나치가 정권을 장악한 제2차 세계대전 직전에 독일을 떠나 미국으로 이주했다.

『자유로부터의 도피』에서는 권위의 대표적인 예로 나치즘을 들고 있다. 저자는 나치즘이 단기간에 세력을 확장하고 독일 사회에 받아들여지는 과정을 가까이에서 목격했다. 독일 국민이 스스로 자유를 버리고 독재자 히틀러와 나치를 열광적으로 지지하게 되는 과정을 자신의 눈과 귀로 직접 보고 들은 것이다. 그리고 이 경험을 바탕으로 사람들이 자유에서 벗어나게 되는 메커니즘을 밝혀냈다.

이처럼 자유롭지 못한 환경이나 상태를 기꺼이 받아들이는 심리는 제2차 세계대전 당시 독일 국민에게만 국한되어 나타나는 것이 아니다. 예를 들어 근무 환경이 열악한 회사를 그만두지 않고 계속 다니는 사람도 마찬가지다. 기본적으로 사람의 마음속에 자유로부터 도망치려는 심리가 존재하기 때문에 이런 불합리한 선택을 하게 되는 것이다. 따라서 에리히 프롬의 분석을 수십 년도 더 전에 바다 건너 먼 나라에서 있었던 일 정도로 치부해버리는 것은 옳지 않다. 누구든지 항상 자신이 자유로부터 도망치고 있는 것은 아닌지 되짚어볼 필요가 있다.

프리랜서라는 주제에서 이야기가 조금 벗어났지만 결국 말하고자 하는 바는 같다. 인간은 때로 말로 설명하기 어려운 이유로 인해 합리적이고 자유로운 선택을 하지 못하는 경우가 있다. 정신을 차려보면 권위에 기대어 생각 없이 일상을 보내고 있는 자신을 발견하게 될지도 모른다. 어쩌면 이것은 스스로 자각하기 어려운 본능적인 선택일 수도 있다. 무리를 이루는 것이 반드시 유리하다고는 볼 수 없는 경우에도 사람들은 무리를 이루고자 한다. 소속 집단에 불만이 있더라도 집단에서 벗어나는 것은 쉬운 일이 아니다. 집단에 속하고자 하는 사람들의 심리는 본능에 가까우며, 그 배경에는 상당히 복잡한 메커니즘이 숨어 있다.

프리랜서가 되어 조직에 속하지 않고 개인으로 일한다는

것은 다시 말해 집단이라는 지지대를 잃는다는 것을 의미한다. 이것은 어쩌면 인간의 본능에 반하는 행동인지도 모른다. 하지만 인생 100세 시대를 눈앞에 둔 요즘 같은 시기에는 과감히 결단을 내릴 필요가 있다. 오히려 앞으로는 평생 하나의 조직에 소속되어 살아가는 사람이 더 드문 세상이 올지도 모른다. 조직은 끊임없이 변화하고 소멸하며, 그 안에서 인간은 계속해서 살아간다.

결국 자유와 고독은 동전의 양면이라고 할 수 있다. 프리랜서라는 길을 선택하는 경우에는 서로에게 힘이 되어주는 좋은 동료의 존재가 충분한 수입만큼이나 중요하다. 우선은 자신의 마음속에 자리잡은 불안을 외면하지 않고 정면에서 마주하는 것부터 시작해보면 어떨까.

성공한 플랫폼 기업이
추구해야 하는 것은
이익인가 도덕인가

　서브리미널 효과라는 것이 있다. 이것은 지각하기 어려울 정도로 짧은 시간 동안 시각, 청각, 촉각을 자극함으로써 인간의 잠재의식에 영향을 미치는 현상을 뜻한다. 예를 들어 영상에 순간적으로 아주 짧은 정보를 삽입하면 시청자는 자신이 그것을 보았다는 사실 자체를 인식하지 못한다. 하지만 뇌에서는 시각 정보로 처리되기 때문에 무의식중에 영향을 받게 된다.

　1950년대 미국에서 서브리미널 효과를 노리고 영화 필름 중간에 메시지를 삽입해 화제가 된 적이 있었다. 이후 서브리미널 효과에 관해 다양한 연구가 이루어졌다. 현재로서는 어느 정도 제한된 상황에서라면 효과가 있다고 보는 것이 정설이다.

1973년 미국과 캐나다에서 게임 광고에 서브리미널 효과가 사용되었다. 이를 계기로 서브리미널 효과에 대해 사회적으로 활발한 논의가 이루어졌고, 결국 서브리미널 광고는 공공의 이익에 반해 사람을 속이는 기술이라는 이유로 금지되었다. 일본에서도 1995년과 1999년에 각각 일본방송협회(NHK)와 일본민간방송연맹이 TV에서 서브리미널을 사용하는 것을 금지한 바 있다.

서브리미널 광고가 처음 등장한 후 규제되기까지는 상당한 시간이 소요되었다. 규제가 시작되기 전까지는 이를 금지하는 조항이 없었기 때문에 광고 등에서 서브리미널 효과를 사용하더라도 전혀 문제 될 것이 없었다. 하지만 실제로 광고에 서브리미널 효과가 사용되었다는 이야기는 한 번도 들어본 적이 없다.

아마도 추측건대 광고 회사, 제작 회사, 광고주 사이에 서브리미널 광고처럼 도의에 반하는 일은 해서는 안 된다는 공감대가 형성되어 있었던 것이 아닌가 싶다. 서브리미널 효과로 상품을 더 많이 팔아 이익을 올릴 수도 있겠지만 그것은 곧 돈을 벌기 위해 소비자의 의사를 멋대로 조작하는 일종의 세뇌라고 할 수 있다. 이런 악질적인 행위는 하면 안 된다는 암묵적인 합의가 있었던 것이 아닐까. 물론 발각되었을 경우 감수해야 하는 리스크를 고려한 결과일 수도 있다. 그러나 들키지 않기 위한 방안을 검토한 흔적조차 없는 것을 보면 역시 당시 광고계 종사자들이 높은 도덕심을 발휘한 덕분이라고 생각된다.

현대 사회에서는 소위 GAFA(Google, Apple, Facebook, Amazon)라고 불리는 4개 기업이 거대한 힘을 지니고 있다. 이들은 검색 엔진, 온라인 광고, 스마트폰, 스마트폰 관련 OS 및 어플리케이션, 컴퓨터, 태블릿, 클라우드 서비스, SNS, 온라인 쇼핑 사이트 등을 개발하고 판매하는 분야에서 독점적인 지위를 구축하고 있다.

GAFA는 '플랫폼 기업'이라고 불린다. 상품 및 서비스, 정보 등을 판매하기 위한 기반을 제공하는 기업이라는 뜻이다. 전 세계 사람들은 물론 대다수 회사가 이들 4개 기업의 상품과 서비스를 이용하고 있으며, GAFA는 이를 통해 고객의 이름, 주소, 구매 내역, 관심 분야 등과 같은 개인 정보를 수집한다. 문자, 음성, 사진, 동영상을 비롯해 이용 현황 및 통신 기록에 이르기까지 실로 다양한 정보를 포함한 대용량 빅데이터라고 할 수 있다. 플랫폼 기업은 이 정보를 축적하고 분석해서 기업 활동에 활용한다. 빅데이터를 독점해 이익을 창출하고 있는 것이다.

이처럼 정보를 경쟁력의 원천으로 삼는 새로운 형태의 경제를 '데이터 이코노미'라고 한다. 현대 사회에서는 인공지능(AI)나 빅데이터 분석 기술이 빠르게 발전함에 따라 일상생활이나 기업 활동에 다양한 데이터가 활용되고 있다. 전자정보기술산업협회에 따르면 2030년에는 모든 것이 인터넷으로 연결되는 IoT 관련 시장이 더욱 커져 전 세계적으로 현재의 2배에 가까운 4000조 원 규모까지 성장할 것으로 예상된다.

광고업계에서도 데이터 거래가 활발하게 이루어지고 있다.

특히 2008년 리먼 사태 당시 금융업계에서 인터넷 광고업계로 수많은 인재가 유입되었는데, 이때 수리 통계에 강한 대량의 인재가 금융업계에서 사용하는 기술과 시스템을 광고업계로 가지고 들어왔다.

이에 따라 주식 시장에서 사용되던 옥션 시스템이 인터넷 광고 거래에서도 사용되기 시작했다. 이제 인터넷 광고는 광고주, 광고 사이트, SNS 등 관계자들 사이에서 눈 깜짝할 사이에 가격이 결정되고 거래된다. 나아가 빅데이터와 합쳐져 판매 효과를 더욱 끌어올릴 수 있는 방식으로 운용된다. 효과가 커질수록 광고가 거래되는 금액도 점점 더 높아지면서 인터넷 광고 시장은 성장을 거듭하고 있다.

플랫폼 기업도 이 구조의 한 축을 담당한다. 정보 검색부터 상품 구매 및 이용에 이르기까지 소비자의 모든 행동 데이터를 저장해 이를 자사 상품이나 서비스 판매에 활용하는 한편 일부는 다른 기업에 제공함으로써 수익을 올리고 있는 것이다. 플랫폼 기업은 소비자가 인식하지 못하는 사이에 소비자의 과거 행동을 파악하고, 소비자의 니즈를 예측하고, 소비자에게 맞는 물건을 추천해 구입하게 만든다. 이러한 순환 구조가 만들어질 수 있었던 것은 처음에 소비자가 별생각 없이 제공한 개인 정보 덕분이다.

디지털화가 너무 빠르게 진행되다 보니 현재 상황을 제대로 이해하고 있는 사람은 그리 많지 않다. 자신의 어떤 정보가 수집되어 사용되는지 실감하지 못하고 있는 것이다. 사실 정보 수집망은 우리가 생각지도 못한 곳까지 촘촘하게 뻗어 있다. 쇼핑 데이터뿐만이 아니다. 밤에 컴퓨터로 야한 동영상을 보는 것도, 기혼자가 연애 상대를 구하는 것도, 남들에게 보여주고 싶지 않은 비밀스러운 이메일 내용도 모두 수집되고 있다. 이렇게 모인 다양한 개인 정보를 바탕으로 성격이나 생활 패턴은 물론 다음에 무엇을 구입할 것인지까지 치밀하게 예측당하고 있는 것이다.

'인터넷에서 검색만 했을 뿐인데 왜 내가 찾아본 상품이 계속해서 표시되는 걸까?'라는 의문이 든 적이 다들 한 번쯤은 있을 것이다. 이처럼 우리가 눈으로 확인할 수 있는 경우는 극히 일부분에 불과하다. 뒤에서는 훨씬 더 많은 개인 정보가 기업의 이윤 추구를 위해 활용되고 있다.

기업들은 이러한 개인 정보 사용 실태가 세간에 알려지면 엄청난 물의를 빚을 것이라는 사실을 알기 때문에 보통은 겉으로 드러나지 않는 방법을 통해 판촉이나 마케팅에 활용한다. 기업의 이윤 추구를 위해 소비자가 알 수 없는 방법으로 소비자의 의사와 행동을 조작하는 행위가 아무렇지도 않게 이루어지고 있는 것이다.

소비자 입장에서는 기업의 정보 수집을 막을 길이 없다. 플랫폼을 이용해 정보를 주고받거나 검색을 하고 물건을 구입하는 것은 습관적인 행동에 가깝다. 개인 정보를 넘기고 싶지 않으니 서비스를 이용하지 않겠다는 선택지는 존재하지 않는다. 현실적으로 플랫폼을 이용하지 않고는 일이나 생활이 불가능하기 때문이다.

사실 개인 정보의 가치나 리스크를 제대로 이해하고 있는 사람도 많지 않다. 길고 어려운 문장으로 구성된 서비스 이용 약관을 제대로 읽어보는 사람은 거의 없을 것이다.

게다가 동의하지 않는 조항이 들어있다고 해서 이미 사회 인프라로 자리잡은 플랫폼 서비스를 이용하지 않을 수는 없는 노릇이다.

그러나 최근 들어 기업의 개인 정보 이용을 문제시하는 움직임이 조금씩 나타나고 있다. 플랫폼 기업이 개인 정보를 독점하는 것에 대해 세계 각국이 우려를 드러내기 시작한 것이다. EU에서는 2018년부터 'EU 일반개인정보보호법 GDPR'이 시행됨에 따라 개인 정보를 수집, 이용, 보관하는 사업자는 정보 보호와 관련해 많은 의무를 지게 되었다. 일본에서도 공정거래위원회가 개입해 플랫폼 기업을 규제할 방침이다.

더 큰 문제는 플랫폼 기업에 대한 과세다. 플랫폼 기업의 기업 가치나 그들이 제공하는 서비스는 디지털 재화나 콘텐츠 같은 무형 자산이다. 과세 기준을 정하기 위해 이러한 무형 자산의 가치를 평가하는 것은 쉽지 않은 일이다. 또 무형 자산은 이전이 쉽기 때문에 세율이 낮은 국가나 조세 피난처를 경유함으로써 세금 부과를 피할 수도 있다. 결과적으로 플랫폼 기업이 법인을 두고 있는 거점 국가와 주로 수익을 올리고 있는 소비국 모두에서 기준보다 낮은 세금이 부과되거나 아예 과세가 불가능한 상황이 발생하기 쉽다. 이렇게 되면 성실하게 세금을 납부하는 다른 기업이나 국민의 부담은 더 커진다. 세금 제도의 근본과도 맞닿아 있어 해결하기 쉽지 않은 문제이지만 이에 대해서도 서서히 검토가 이루어지고 있다.

이처럼 정부 차원에서는 대처가 이루어지고 있지만 개인 차원에서 현재 상황을 문제 삼는 사람은 많지 않다. 왜 사람들은 불만을 품지 않는 것일까? 플랫폼 기업에게 공정성을 기대하지 않아서일까?

행동경제학의 연구 결과에서 이 질문에 대한 힌트를 찾을 수 있다. 리처드 탈러는 공정성에 관한 몇 가지 실험을 진행했다. 그중 한 실험에서는 사람들이 어떤 상황에서 공정하지 않다고 느끼는지 알아보기 위해 참가자들에게 2가지 상황을 제시하고, 각각 어떻게 생각하는지 물었다.

(1) A 자동차의 인기가 치솟아 지금 구입해도 실제로 수령하기까지 2개월 정도 기다려야 하는 상황이다. 지금까지는 딜러가 A 자동차를 정가에 판매했지만, 현재는 정가보다 200달러 더 비싼 가격에 판매하고 있다.

    받아들일 수 있다: 29%
    받아들일 수 없다: 71%

(2) A 자동차의 인기가 치솟아 지금 구입해도 실제로 수령하기까지 2개월 정도 기다려야 하는 상황이다. 지금까지는 딜러가 A 자동차를 정가보다 200달러 더 싼 가격에 판매했지만, 현재는 정가에 판매하고 있다.

    받아들일 수 있다: 58%
    받아들일 수 없다: 42%

(1)과 (2) 모두 이전보다 판매가가 200달러 더 오른 것은 동일하지만, 사람들이 받아들이는 의미는 달랐다. 실험 결과에 따르면 (1)의 상황을 부당하다고 느끼는 사람이 훨씬 더 많았다. 이 실험을 통해 탈러는 공정함이란 '보유 효과'와 관련이 있다는 결론을 얻었다. 사람들은 자신이 익숙한 상태를 당연하다고 생각하고, 그 조건이 악화되면 공정하지 않다고 느낀다는 것이다.

이를 바탕으로 플랫폼 기업의 공정성에 대해 다시 한번 생각해보자. 사람들이 기업의 개인 정보 사용을 부당하다고 느끼지 않는 것은 애초에 개인 정보를 자신의 소유물이라고 생각하지 않기 때문이다. 정보는 직접 보거나 만질 수 있는 것이 아니기 때문에 플랫폼 기업에 정보가 넘어간다고 해서 당장 무언가를 잃게 되는 것은 아니다. 따라서 손실 회피 심리도 작동하지 않고, 불공정성을 느낄 일도 없다.

플랫폼 기업의 탈세를 문제 삼지 않는 것 역시 마찬가지다. 기업이 내야 할 세금을 내지 않으면 사회적으로 공공 서비스를 정비할 비용이 부족해지고 소득이 재분배되지 않아 격차가 벌어지게 된다. 또 성실하게 세금을 납부하는 사람의 부담은 상대적으로 늘어난다. 하지만 보통은 이것이 자기 일이라고 생각하지 않으며, 그래서 기업의 무책임한 탈세를 지적하지도 않는 것이다.

앞으로 기업의 개인 정보 이용이나 탈세 관련 사실이 사람들의 입에 오르내리게 되면 그때 새로이 보유 효과나 손실 회피 심리가 작동할 가능성도 있다. 기업이 부당한

성공한 플랫폼 기업이 추구해야 하는 것은 이익인가 도덕인가

이익을 취하고 있다는 사실을 사람들이 알게 되면 이에 반대하는 움직임이 나타날 것이다. 이와 관련해 탈러는 불공정성에 대한 반응을 예측하는 실험을 진행한 바 있다.

우선 실험에 앞서 실시한 사전 조사에서 참가자들에게 20달러를 주고 누군가와 함께 나눠 갖도록 지시했다. 참가자는 다음 2가지 선택지 중 하나를 선택할 수 있다.

(1) 자신이 18달러를 가지고, 상대방에게 2달러를 준다
(2) 각자 10달러씩 나눠 가진다

그 결과, 참가자의 74%가 (2)를 선택했다. 대다수 참가자가 공정성을 추구했다는 뜻이다.

본실험에서는 새로운 참가자들에게 먼저 사전 조사의 내용과 결과를 설명한 다음, 사전 조사 참가자와 함께 팀을 구성하도록 했다. 팀을 구성하는 방식은 다음과 같다.

(1) '자신이 18달러를 갖겠다'고 답한 사람과 12달러를 절반씩 나눠 갖는다
(2) '공평하게 10달러씩 나눠 가겠다'고 답한 사람과 10달러를 절반씩 나눠 갖는다

실험 결과 전체 참가자의 81%가 (2)를 선택했다. 대부분 욕심 많은 상대와 돈을 나눠 갖느니 차라리 1달러 손해를 보더라도 상대를 배려할 줄 아는 사람과 팀을 이루겠다고 답한 것이다. 이를 통해 사람들은 불공정한 행위를 한 사람을 처벌하고 싶어 한다는 사실을 알 수 있다.

대다수 사람들의 마음속에 존재하는 '불공정한 행위를 벌하고자 하는 심리'가 플랫폼 기업의 불공정성에 대해 작동했을 때 어떤 일이 벌어질지 정확하게 예측하기는 어렵다. 다만 어느 정도 희생을 감수하더라도 플랫폼 기업에 충분한 대가를 치르게 할 가능성이 높다.

플랫폼 기업의 불공정성이 화제가 된 대표적인 사례로 일본의 취업 정보 사이트 리쿠나비의 개인 정보 판매 사건을 들 수 있다. 취업 분야의 플랫폼 기업인 리쿠르트 커리어는 리쿠나비를 운영하면서 수집한 구직자 정보를 기업에 팔아넘긴 사실이 발각되어 행정지도 처분을 받았다. 해당 정보는 리쿠르트 커리어가 구직자들에게 영향력을 행사해 수집한 것이다. 구직자 입장에서는 취업을 하려면 취업 정보 사이트를 이용해야 하니 정보를 제공하지 않을 수 없다. 이 사건은 그런 식으로 손에 넣은 정보를 자유롭게 사용해도 된다고 착각한 플랫폼 기업의 도덕적 해이에서 비롯된 상징적인 사건이라고 할 수 있다.

그렇다면 이처럼 기업이 도덕적으로 잘못된 선택을 하는 이유는 무엇일까?

가장 주된 원인은 집단 사고의 영향 때문이다. 집단 사고란 미국의 사회심리학자 어빙 재니스가 제창한 개념으로, 집단으로 논의한 결과 불합리하고 위험한 결정을 내리게 되는 의사 결정 패턴을 가리킨다. 집단 사고에서는 리스크를 검토하고, 목표를 명확히 하고, 정보를 탐색하고, 비상 사태에 대처하는 등의 작업이 제대로 이루어지지 못한다. 일례로 과거 동일본 대지진 때 후쿠시마 원자력 발전소 사고를 미연에 방지하지 못한 도쿄전력의 의사 결정 역시 집단 사고의 결과라고 할 수 있다.

플랫폼 기업 관련 문제에서도 집단 사고가 영향을 미쳤을 가능성이 높다. 개인 정보 활용이나 납세에 관해 올바른 의견을 가진 구성원이 있더라도 집단 내에서 논의를 거치다 보면 잘못된 결정을 내리게 되는 것이다.

'기술은 선(善)이다'라는 풍조 역시 플랫폼 기업의 폭주를 막지 못한 원인 중 하나다. 기술이 세상을 더 좋게 만든 것은 사실이지만 동시에 사생활이나 보안 측면에서 많은 문제를 낳았으며, 사이버 테러 등 새로운 위험도 속속 등장하고 있다.

이와 함께 최근에는 윤리적 법적 사회적 쟁점(ELSI)에 대한 관심이 높아지는 등 기술의 발전이나 활용을 포함한 기업 활동 전반을 감시하는 움직임도 활발해지고 있다. 앞으로는 기업 활동에 대한 사회적 감시 기능이 더욱 강화되고, IT 기술을 무비판적으로 받아들이는 풍조에도 변화가 있을 것으로 예상된다.

지금까지 살펴본 내용을 통해 역시 도덕적인 선택을 하는 것이 중요하다는 결론을 얻을 수 있다. 브랜딩이나 마케팅의 관점에서 보았을 때 도덕적인 선택을 하는 편이 기업에도 유리하다. 고객은 자신이 손해를 보는 한이 있더라도 불공정 기업이 잘못에 상응하는 대가를 치르기를 바란다. 불공정 기업이 판매하는 물건이나 서비스를 계속 이용하겠다는 사람은 그리 많지 않다.

대다수 좋은 기업들은 사회와 좋은 관계를 유지하기 위해 다양한 활동을 전개한다. 그중 가장 대표적인 것이 바로 브랜딩이다. 고객 및 사회와의 유대를 강화함으로써 장기적으로 좋은 평판을 얻고자 하는 것이다. 브랜드 약속이라는 이름으로 기업 및 기업 구성원의 행동 규범을 제시하는 경우도 있다.

일반적으로 브랜딩에 힘을 기울이는 기업이 도덕적인 문제를 일으킬 가능성은 매우 낮다. 고객을 속일 경우 기업이 얼마나 큰 타격을 입게 될지 잘 알고 있기 때문이다.

마케팅 분야에서는 고객 생애 가치(LTV)의 최대화를 추구하는 움직임이 활발해지고 있다. 고객과의 거래가 일회성으로 끝나는 것이 아니라 계속해서 거래를 이어감으로써 장기적인 이익을 얻고자 하는 것이다. 그러기 위해서는 고객과 장기적인 관계를 구축하고 이를 유지, 확대시켜 나가야 한다.

이처럼 이익과 직결되는 브랜딩 및 마케팅의 관점에서 기업의 도덕성 문제를 다시 한번 생각해볼 필요가 있다. 기업의 이익과 도덕성은 얼마든지 양립 가능하다.

공유 경제의 발전을 방해하는
부도덕한 사람들

공유 경제가 하나의 시장으로 자리잡았다. 공유 경제란 장소, 이동 수단, 물건, 사람, 기술 등을 인터넷 플랫폼을 통해 개인 간에 공유(임대, 매매, 제공)하는 새로운 경제 형태다. 개인 소유의 빈집을 대여하는 '에어비앤비', 자차를 이용한 배차 서비스 '우버' 등이 공유 경제의 시초라고 알려져 있다. 이 외에도 가구, 옷, 자전거, 주차장, 회의실 등 다양한 공유 서비스가 존재한다. 모두 인터넷과 핸드폰으로 손쉽게 이용 가능하다.

글로벌 회계 컨설팅 기업 프라이스워터하우스쿠퍼스는 2013년 약 150억 달러 규모였던 공유 경제의 시장 규모가 2025년에는 약 3350억 달러 규모까지 성장할 것이라고 전망했다(주 4-11). 공유 경제는 과잉 소비 및 무의미한 소유를 지양하고 자원을 효과적으로 활용함으로써 지속 가능한 사회 실현에 공헌한다. 제공자는 유휴 자산을 가치 있게 사용할 수 있고, 이용자는 저렴한 요금으로 상품이나 서비스를 이용할 수 있기 때문에 이처럼 모두에게 이익이 되는 공유 경제는 앞으로도 계속해서 보급, 확대될 것으로 예상된다. 그렇다면 공유 경제와 관련해서 해결해야 할 과제로는 어떤 것이 있을까?

공유 경제가 원활하게 작동하기 위한 인프라 등 기술적인 문제는 거의 대부분 해결되었다. 하지만 인간의 심리와 관련해서는 여전히 많은 문제가 남아 있다. 이 부분에 대해 좀 더 자세히 살펴보자.

공유란 다른 사람과 무언가를 나누어 갖는다는 뜻이다.

따라서 공유 경제를 이용할 때는 반드시 다른 사람과의 연결고리가 생길 수밖에 없다. 직접 얼굴을 마주하지 않더라도 공유하는 상품 및 서비스를 통해 그것을 사용한 흔적이나 과정을 유추할 수 있다. 그러므로 공유 경제가 성공하기 위해서는 이를 이용하는 개개인에게 매너와 배려심이 요구된다.

특히 셰어하우스처럼 생활 공간을 공유하는 경우에는 인간관계가 성패를 좌우한다. 셰어하우스에서 발생하는 가장 전형적인 문제 중 하나는 공용 냉장고에 넣어둔 음식이 어느샌가 사라진다는 것이다. 물론 악의를 가지고 의도적으로 계획한 일일 수도 있지만 대부분 우발적으로 저지른 잘못인 경우가 많다. 어쩌면 본인은 나쁜 짓이라고 생각하지 않을 수도 있다.

공유 경제가 성공하기 위해서는 이와 같은 부도덕한 부정
행위를 저지르게 되는 심리를 제대로 이해하고 적절한 해결
책을 마련할 필요가 있다. 얼핏 사소한 문제 같아 보일 수도
있지만, 그대로 내버려두면 공유 경제 전체에 악영향을
미칠 가능성도 있기 때문이다.

문제의 핵심이라고 할 수 있는 부도덕한 부정행위에 관해
서는 지금까지 수많은 연구가 진행되었다. 노벨경제학상을
수상한 게리 베커 시카고대학 교수는 '합리적 범죄의 단순
모델(SMORC)'이라는 개념을 제시했다. 합리적 범죄의 단순
모델에서는 인간을 합리적 존재라고 본다. 그렇기 때문에
범죄에 따르는 리스크(체포될 확률 × 체포되었을 경우
치러야 할 대가)보다 이익이 더 클 경우 사람들은 범죄를
저지르게 된다는 것이다.

일례로 회의에 지각할 것 같은데 주차장이 보이지 않아
불법 주차를 하는 경우를 들 수 있다. 이 경우 사람들은
주차 위반 딱지나 벌금 같은 '비용'과 회의 시간에 늦지
않는다는 '이익'을 비교하게 되고, 회의를 통해 벌금 이상
의 이익을 기대할 수 있는 경우라면 불법 주차를 강행한다.
즉 행동의 옳고 그름이 아니라 이익과 비용에 따라 의사
결정이 이루어진다는 것이다.

인간을 합리적 존재라고 가정한 기존 경제학의 관점에 따
르면 사람들이 이와 같은 의사 결정을 하는 것은 당연하다.
이 경우 부정행위를 없애기 위한 가장 좋은 방법은 처벌을

최대한 강화하는 것이다. 하지만 이 방법은 위험할 수도 있다.

반대로 인간을 비합리적 존재라고 보는 행동경제학의 관점에 따르면 부정행위를 저지르는 사람들의 사고방식이나 행동 패턴은 전혀 다른 의미를 갖게 되며, 당연히 부정행위를 없애는 방법도 달라진다.

댄 애리얼리는 행동경제학을 토대로 부도덕한 부정행위에 관한 다양한 연구를 진행했다. 대표적인 실험으로 다음과 같은 것이 있다.

실험에서는 전체 참가자를 2개 그룹으로 나누어 수학 문제를 풀게 했다. 한 자리 양의 정수와 소수점 이하 두 자리로 이루어진 숫자 12개를 제시한 다음 더해서 10이 되는 짝을 고르는 문제였다(예: 3.67 + 6.33). 참가자들은 5분 동안 총 20문제를 풀었으며, 보상으로 정답 1개당 50센트가 주어졌다. 실험 조건은 다음과 같다.

A 그룹: 5분이 지나면 참가자는 실험자에게 답안지를 제출한다. 실험자가 참가자의 답안지를 채점해 정답 개수에 따라 보상을 지급한다.
B 그룹: 5분이 지나면 참가자는 자신의 답안지를 직접 채점한다. 채점 후 답안지는 분쇄기에 넣어 처리하고, 본인의 정답 개수를 자진 신고해 보상을 받는다.

실험 결과, A 그룹의 평균 정답 수는 4개, B 그룹은 6개였다. A 그룹의 정답 수는 정직한 노력의 결과다. A 그룹과 B 그룹의 계산력이 비슷하다고 가정했을 때 B 그룹은 자신의 정답 수를 평균 2개 더 늘려서 신고했다는 말이 된다 (참고로 점수를 대폭 늘려서 신고한 사람은 거의 없었고, 대부분 실제보다 약간 더 늘려서 신고한 것으로 나타났다).

여기서 주목해야 할 부분은 거짓으로 부풀린 점수가 그다지 크지 않다는 사실이다. 증거를 분쇄기에 넣어 없애기 때문에 참가자들은 얼마든지 거짓으로 신고해서 더 많은 보상을 받을 수 있다. 그럼에도 불구하고 대부분은 실제 정답 수에 2개 정도 추가하는 데 그쳤다.

애리얼리는 실험 조건을 바꿔가며 여러 차례 비슷한 실험을 진행했다. 정답 1개당 주어지는 보상을 50센트가 아니라 25센트로 줄여보기도 하고, 1달러, 2달러, 5달러, 10달러로 늘려보기도 했다. 그 결과, 보상 금액에 상관없이 참가자들은 평균적으로 정답 수를 2개 정도 더 늘려서 신고하는 것으로 나타났다. 정답 1개당 10달러라는 높은 보상이 주어졌을 때도 결과는 같았으며, 오히려 약간 더 줄어들었다.

즉 정답 수를 거짓으로 부풀려서 말하기만 하면 더 많은 돈을 받을 수 있는 경우라 하더라도 적극적으로 부정행위를 저지르는 사람은 많지 않다는 사실이 이 실험을 통해 확인된 것이다.

앞서 소개한 합리적 범죄의 단순 모델에 따르면 인간은 범죄로 예상되는 이익과 비용을 저울질해 행동한다. 이것이 사실이라면 위 실험처럼 발각될 위험이 적은 상황에서는 적극적으로 부정행위를 저질러야 하는데 실제로는 그렇지 않았다. 이에 대해 애리얼리는 인간의 마음속에는 스스로를 정직하고 훌륭한 사람이라고 믿고 싶어 하는 마음과,

속임수를 써서 이익을 얻고자 하는 마음이 공존한다고 분석했다. 가벼운 속임수를 쓰는 정도라면 자신을 정당화해 자존감을 지킬 수 있다고 본 것이다. 이러한 심리를 '퍼지 요인'이라고 한다.

또 애리얼리는 다음과 같은 실험을 통해 상황과 기분에 따라 부정행위를 할 가능성이 달라진다는 사실을 입증했다.

실험은 카페에서 이루어졌다. 본업이 배우인 실험자가 무작위로 선정된 사람들에게 다가가 글자가 적힌 문제지 10장을 주면서 같은 글자가 연속해서 등장하는 부분을 찾아 표시해달라고 한다. 표시를 마친 답안지를 회수한 실험자는 사람들에게 봉투를 건네며 '사례비는 5달러입니다. 확인 후 영수증에 사인해서 테이블 위에 놓아 주십시오'라고 말한 다음 사라진다. 이때 실제로 봉투 안에 들어있는 금액은 5달러가 아니라 9달러다.

실험은 2차례에 걸쳐 진행했다. 첫 번째 실험에서는 앞서 설명한 방식 그대로 진행하고, 두 번째 실험에서는 과제를 설명하던 도중에 실험자가 사람들을 불쾌하게 만드는 행동을 했다. 갑자기 핸드폰에 전화가 걸려온 것처럼 연기하며 앞에 앉은 사람을 무시한 채 큰 소리로 사적인 통화를 한 것이다. 실험자는 약 12초 정도 연기를 한 다음 전화를 끊고 아무 일도 없었던 것처럼 다시 설명을 이어갔다.

이것은 사람들이 정직하게 돈을 돌려주는지 알아보기 위한 실험이었다. 실험 결과 첫 번째 실험에서 돈을 돌려준 사람은 전체의 45%였던 반면, 두 번째 실험에서는 14%에 불과했다. 실험자의 태도가 무례하다고 느낀 두 번째 실험

공유 경제의 발전을 방해하는 부도덕한 사람들

에서는 대다수가 돈을 돌려주지 않은 것이다. 이를 통해 애리얼리는 '분노를 느낀 사람들은 자신의 비도덕적 행위를 정당화하고 실제 행동으로 옮긴다'는 결론을 내렸다.

영국 뉴캐슬대학의 멜리사 베이트슨 연구팀은 학내에 자유롭게 음료를 만들어 마실 수 있는 공간을 설치하고, '음료를 마신 사람은 상자에 돈을 넣어 주세요'라는 공지문을 게시했다. 실험은 총 10주간 진행되었으며, 처음 5주 동안은 공지문 옆에 꽃 사진을, 나머지 5주 동안은 감시하는 눈동자 사진을 붙여 두었다. 그러자 감시하는 눈동자 사진이 붙어 있는 동안은 꽃 사진 때보다 2.76배 더 많은 금액이 걷혔다. 이 실험을 통해 간접적으로라도 감시하는 환경을 조성하면 부정행위를 예방하는 효과가 있다는 사실이 확인되었다.

미국의 범죄학자 조지 켈링이 제창한 '깨진 유리창 이론'이라는 것이 있다. '건물의 깨진 유리창을 수리하지 않고 방치하면 멀쩡한 유리창까지 모두 깨지게 된다'는 이론이다. 이 장에서 다루고 있는 부정행위는 공유 경제에 국한된 것으로 실제 범죄와는 성질이 조금 다르지만, 소소한 문제를 방치하면 더 큰 문제로 이어진다는 점에서는 공통점이 있다.

지금까지 몇 가지 실험을 통해 부정행위와 관련된 다양한 심리 및 행동을 살펴보았다. 사람들이 부정행위를 저지르는 이유는 단순히 이익을 추구하기 때문만은 아니다. 인간은 스스로 정직하고자 하는 욕구와 이익을 얻고자 하는 욕구를 저울질해 행동하며, 약간의 속임수나 잘못은 용인하는 경향이 있다. 또 분노와 같은 부정적인 감정을 느꼈을 때는 부정행위를 저지를 가능성이 높아지고, 감시당한다는 느낌을 받으면 부정행위를 저지르지 않게 된다.

이러한 행동경제학 지식은 공유 경제에서 발생하는 문제에 효과적으로 대처하는 데 도움이 된다. 또 사회 곳곳에서 발생하는 크고 작은 부정행위에도 폭넓게 활용할 수 있다. 예를 들어 직장에서 게으름을 피운다거나 회사 비품을 집에 가져가는 등 우리 주위에서 쉽게 찾아볼 수 있는 작은 문제들은 그대로 방치하면 큰 문제로 이어질 수 있기 때문에 가능하면 초기에 바로잡는 것이 좋다.

정말로 악의를 가지고 부정행위를 저지르는 사람은 많지 않다. 많은 사람들의 마음속에는 '정직하고 훌륭한 사람이고 싶다'는 마음과 '속임수를 써서 이익을 얻고 싶다'는 마음이 공존한다. 부정행위를 없애는 가장 효과적인 방법은 바로 이 정직하고 훌륭한 사람이고자 하는 욕구를 자극하는 것이다.

4장 마무리

○ 국가가 국민을 컨트롤하는 시대는 끝났다. 현재 세계 각국의 정부와 지자체는 공공 정책에 넛지를 도입하고 있다. 넛지를 제대로 사용하면 사람들을 올바른 방향으로 이끌어 더 좋은 사회를 만들 수 있다.

○ 회사의 수명은 짧고, 인간의 수명은 길다. 일을 하는 방식으로는 회사원에서 프리랜서에 이르기까지 다양한 선택지가 존재한다. 사람들이 독립을 두려워하는 진짜 이유는 단순히 집단에 동조하고자 하는 심리적 편향 때문인 경우가 많기 때문에 문제의 원인을 제대로 파악하고 이를 극복할 필요가 있다.

○ 기업은 인간의 잠재의식을 자극하거나, 사용하지 않을 수 없는 플랫폼을 독점적으로 제공함으로써 사람들의 행동을 조작하고 이익을 얻을 수 있다. 하지만 사람들은 어느 정도 희생을 감수하더라도 나쁜 짓을 한 기업은 처벌받기를 원하기 때문에 결국에는 도덕적인 기업만이 살아남게 된다.

○ 다양한 물건과 서비스를 공유하는 시대가 도래했다. 공유 경제에서 문제가 되는 자잘한 부정행위가 반드시 뚜렷한 악의나 욕심 때문에 발생하는 것은 아니다. 기본적으로 인간은 정직함을 추구하기 때문에 이 점을 잘 이용하면 부정행위를 효과적으로 예방하는 것이 가능하다.

맺음말

　행동경제학을 처음 접했을 때 받은 인상은 '현실 사회의 수많은 과제를 해결하는 데 도움이 되는 실용적인 학문'이라는 것이었다. 이 느낌이 틀리지 않았다는 확신은 지금도 변함이 없다. 다만 실용의 의미는 조금씩 변하고 있는 듯하다. 행동경제학이 세간에 알려지기 시작한 초반에는 인간의 불합리성을 지적하기 위한 학문이라고 생각하는 사람이 많았다. 하지만 이것은 어디까지나 행동경제학의 한 단면에 지나지 않으며, 대니얼 카너먼도 이를 부정했다.

　행동경제학이 상품 매매, 기업 인사, 조직 편성 등에 효과적인 것은 사실이다. 인간 심리의 특징을 정확히 파악해 사람들로 하여금 특정 행동을 하도록 유도하는 데 도움을 주기 때문이다. 이런 특징 때문에 행동경제학은 주로 돈을 다루는 금융업계나 각종 상품 판매 등에 많이 사용되었다.

　그러나 최근에는 사회 전체의 행복을 위해, 또는 더 나은 사회를 만들기 위해 행동경제학을 이용하는 사례가 늘고 있다. 그중 가장 대표적인 것이 바로 2017년 노벨경제학상 수상자인 리처드 탈러가 제창한 '넛지'다. 환경 문제나 연금 문제 등 다양한 과제를 해결하기 위해 정부, 관공서, 지자체가 행동경제학을 참고하기 시작했다. 국민에게 강제하는 것이 아니라 자발적으로 바람직한 행동을 하도록 유도하는 넛지는 세계 각국에서 그 효과를 인정받았고, 현재도 넛지에 기반한 수많은 공공 프로젝트가 진행 중이다. 이와 같은 형태로 사회에 공헌할 수 있는 학문은 그리 많지 않다.

현대 사회는 경제적으로도 사회적으로도 많은 문제를 안고 있다. 선진국들이 경제적인 성장과 효율만을 추구해온 결과다. 일례로 이산화탄소 과다 배출에 따른 지구 온난화를 들 수 있다. 지구의 자원은 유한하며, 이대로 가다가는 지구가 버텨내지 못할 것이라는 위기의식이 사회 전반적으로 확산되고 있다.

내가 몸담고 있는 마케팅 브랜딩 업계도 예외가 아니다. 1985년 미국마케팅협회가 정한 마케팅의 정의는 2004년에 개정되었다. 약 20년 만의 일이다. 그리고 불과 3년 뒤인 2007년에 재개정이 이루어져 '마케팅은 사회 전체에 가치 있는 제공물을 전하는 활동'이라는 개념이 추가되었다. 과거의 마케팅은 기본적으로 이익을 추구하는 활동이었던 반면, 이제는 기업이 존속하기 위해서는 사회와의 공생을 고려하지 않을 수 없게 된 것이다.

이러한 개정 작업이 이루어지게 된 배경에는 2006년 개봉한 한 편의 영화가 큰 영향을 미쳤다. 바로 노벨평화상 수상자인 앨 고어 전 미국 부통령이 출연한 다큐멘터리 영화

『불편한 진실』이다. 이 영화가 나오기 전까지는 '지구 온난화는 하나의 가설에 지나지 않고, 온난화 현상은 실제로 확인된 바 없다'는 견해가 일반적이었으며, 환경 문제를 중요하게 생각하는 사람도 거의 없었다. 그런데 이것을 영화라는 임팩트 있는 콘텐츠로 만들어 대중에게 전달한 결과 전 세계인의 환경 문제에 대한 인식이 변화한 것이다.

물론 인식이 바뀌었다고 해서 문제가 해결되는 것은 아니다. 모두의 생각과 행동이 바뀌지 않으면 위기는 사라지지 않는다. 생각은 많이 바뀌었지만 그보다 더 중요한 것은 다음 단계인 행동이다. 규제나 처벌로 행동을 강제하는 방식은 오래가지 못하기 때문에 개개인이 자율적으로 행동에 나서도록 하는 것이 바람직하다. 이를 위해서는 인간 심리에 대한 정확한 이해를 바탕으로 사람들을 좋은 방향으로 이끄는 시스템을 구축할 필요가 있다. 특성에 따라 그룹을 세분화하고, 각각에 적합한 방식을 찾아야 한다. 이때 행동경제학에서 다루는 심리적 메커니즘에 관한 지식이나 넛지를 활용하면 보다 큰 효과를 기대할 수 있을 것이다.

행동경제학에서 소개하는 법칙들은 문제를 해결하는 데 좋은 길잡이가 되어주며, 행동경제학적 사고방식은 문제 해결의 실마리를 제공한다. 합리성과 효율성을 중시하는 기존 경제학에 대한 안티테제로 등장한 행동경제학은 사회와 인간의 공생을 추구하며, 인간의 본성 및 개인의 자유를 존중하는 학문이다. 자신의 이익만을 추구하지 않고 함께 돕고 나누자는 가치관이 사회 전반적으로 확산됨에 따라 행동경제학도 힘을 얻게 되었으며, 이러한 추세는 앞으로 더욱 강해질 것으로 예상된다.

이 책의 가장 큰 목적은 사회, 비즈니스, 일상생활 등에 폭넓게 공헌할 수 있는 행동경제학의 '실용성'을 알기 쉽게 소개하는 것이기 때문에 본문에서는 최대한 구체적인 사례를 들어 설명하고자 했다. 이 책을 읽고 행동경제학에 대해 더 공부해보고 싶다거나 실제로 정부 및 관공서, 지자체, 기업, 개인의 활동에 행동경제학 지식을 활용해보고 싶다고 생각한 독자가 있다면 더할 나위 없이 기쁘겠다.

마지막으로 집필에 많은 도움을 주신 편집자님께 이 자리를 빌려 깊은 감사의 뜻을 전한다.

하시모토 유키카츠